Las siete reglas del *storytelling*

Título original:
LES SEPT RÈGLES DU STORYTELLING
Inspirez vos équipes par un leadership authentique

Traducción:
JOHN SADOWSKY y un equipo de colaboradores,
entre ellos PALOMA MUÑOZ BREVA y EDUARDO CANO

Supervisión de la traducción:
JOHN SADOWSKY

Diseño de tapa:
DCM DESIGN

JOHN SADOWSKY
LOÏCK ROCHE

Las siete reglas del *storytelling*

Inspire a su equipo
con liderazgo auténtico

GRANICA
BUENOS AIRES - BARCELONA - MÉXICO - SANTIAGO - MONTEVIDEO

© 2009 *by* Pearson Education France, París
© 2013 *by* Ediciones Granica S.A.

ARGENTINA
Ediciones Granica S.A.
Lavalle 1634 3° G / C1048AAN Buenos Aires, Argentina
Tel.: +54 (11) 4374-1456 - Fax: +54 (11) 4373-0669
granica.ar@granicaeditor.com
atencionaempresas@granicaeditor.com

MÉXICO
Ediciones Granica México S.A. de C.V.
Valle de Bravo N° 21 El Mirador Naucalpan Edo. de Méx.
53050 Estado de México - México
Tel.: +52 (55) 5360-1010 - Fax: +52 (55) 5360-1100
granica.mx@granicaeditor.com

URUGUAY
Ediciones Granica S.A.
Scoseria 2639 Bis
11300 Montevideo, Uruguay
Tel.: +59 (82) 712 4857 / +59 (82) 712 4858
granica.uy@granicaeditor.com

CHILE
granica.cl@granicaeditor.com
Tel.: +56 2 8107455

ESPAÑA
granica.es@granicaeditor.com
Tel.: +34 (93) 635 4120

www.granicaeditor.com

GRANICA es una marca registrada
ISBN 978-950-641-730-7

Hecho el depósito que marca la ley 11.723

Impreso en Argentina. *Printed in Argentina*

Sadowsky, John
   Las siete reglas del storytelling : inspire a su
equipo con liderazgo auténtico / John Sadowsky y
Loïck Roche. - 1a ed. - Buenos Aires : Granica, 2013.
   168 p. ; 22x15 cm.

   ISBN 978-950-641-730-7

   1. Liderazgo. 2. Coaching. I. Roche, Loick II.
Título
   CDD 658.409 1

ÍNDICE

PRÓLOGO

Este libro, escrito a partir de nuestra investigación, nuestro aprendizaje y nuestra experiencia en consultoría y entrenamiento de líderes, está dirigido a: 1) los líderes que quieren saber cómo expresarse y avanzar en su liderazgo con el objetivo de inspirar y transformar, de manera sostenible y auténtica, a las personas a las que dirigen y a todo aquel que trabaje a su lado; 2) los directores, que simplemente deseen encontrar su "voz", y 3) los entrenadores que, esperamos, se basen en algunas de las ideas y métodos que proponemos para su práctica cotidiana.

Nos guiamos a partir de tres convicciones.

Primera convicción: ¡no nacemos líderes! El liderazgo no es un don que se nos dé a la hora de nacer. Esto quiere decir que todo el mundo puede llegar a ser un líder con la sola condición de que ¡quiera serlo! Depende de cada uno plantearse y decidir si quiere o no reafirmarse para inspirar y transformar de forma duradera y auténtica a las personas con las que trabaja.

La empresa moderna se organiza alrededor de equipos y proyectos, por lo que tiene una creciente necesidad de encontrar líderes. Cualquier persona que quiera desarrollar sus capacidades y habilidades de liderazgo encontrará su oportunidad.

El liderazgo es una decisión.

Segunda convicción: el liderazgo se aprende. El rendimiento de un líder depende de los conocimientos que adquiere sobre sí mismo. A partir de ellos, puede aportar valores, desarrollar una visión clara de un futuro estimulante, para luego definir y aplicar una estrategia para hacer de dicha visión una realidad.

En cuanto al rendimiento del líder, el "yo", pero también el "por qué actúo como lo estoy haciendo en mi vida" y el "qué quiero dejar en mi empresa y en el mundo", son factores que siempre parecen extremadamente claros.

A partir de lo que hemos aprendido de nuestra experiencia en el entrenamiento de líderes, hemos desarrollado una serie de métodos y conceptos con los que todos pueden trabajar y practicar.

El liderazgo comienza con el autoconocimiento.

Tercera convicción: un líder puede mejorar su forma de liderar. Y lo más importante, un líder es siempre un gran narrador, lo que los anglosajones llaman *storyteller*. A través de auténticas historias enseña sus puntos de vista a las personas a las que dirige, conduciéndolas así a cambiar profundamente su forma de ver las cosas.

Las historias son la herramienta más poderosa del liderazgo.

PARTE 1

SER UN GRAN LÍDER

CAPÍTULO 1

LA FUERZA DE LAS HISTORIAS Y LAS LEYENDAS

Sobre el individuo

Las historias y las leyendas tienen un poder muy singular: reúnen a las personas, las inspiran y las transforman.

Tan antiguas como la civilización, las historias y las leyendas tienen un atractivo universal. Según Nietzsche,[1] "hacen que la vida esté bañada por una luz que intensifica su significado e importancia".

De hecho, los últimos descubrimientos de la neurología y la psicología demuestran que los seres humanos están programados para contar historias.

Numerosos estudios revelan que el pensamiento de los hombres y mujeres se basa en las historias, ya que ellas son el vector natural a través del cual la gente aprende a pensar. Mediante la creación de historias, los seres humanos descubren las maneras de reflexionar, organizar y dar sentido al mundo. Dice Sartre: "Un hombre es siempre un narrador

---

1. Nietzsche, F. W.; Handwerk, G. J.: *Human, All Too Human*, I. Stanford University Press, Stanford, California, 1997.

de historias. Vive rodeado de sus historias y de las historias de los otros, él ve todo lo que sucede a través de las historias y trata de vivir su vida como si la contara".[2]

La narración de historias, o lo que los anglosajones denominan *storytelling*, es la base de toda sociedad humana.

Carl Jung ha demostrado que todas las culturas tienen un punto en común, sus historias y su manera creativa de contar sus leyendas.[3]

Cada una de estas historias utiliza unos arquetipos.

El antropólogo norteamericano Joseph Campbell, un experto de la mitología comparativa, señala que, "Sea que escuchemos con divertida indiferencia el sortilegio fantástico de un médico brujo del Congo, o que leamos con refinado embeleso las pálidas traducciones de las estrofas del místico Lao-Tsé, o que nos sumerjamos en los mitos y leyendas de los dioses griegos, *siempre encontraremos la misma historia, a la vez diferente y sin embargo idéntica*".[4]

Para Claude Lévi-Strauss, toda mitología humana encuentra su origen dentro de una cantidad relativamente restringida de historias, donde las estructuras y los temas básicos se repiten sistemáticamente a través de las culturas y épocas.[5] De alguna manera, si se conoce una historia, se conocen todas. Las reciclamos, generación tras generación. Las historias no solo recogen un significado particular, sino que son la garantía de una cohesión tanto social como cultural. Para Nietzsche, el hombre privado de historias ¡es un desarraigado! "Falta de historias, falta de mitos, toda civilización pierde su capacidad creativa, que es su fuerza natural. Solo un horizonte circunscrito por las historias puede asegurar el cierre y la unidad de una

---

2. Sartre, J.-P.: *La Nausée*. Gallimard, Paris, 1938.
3. Jung, C. G.: *Psychology and Religion*. Yale University Press, New Haven, 1938.
4. Campbell, J.: *The Hero with a Thousand Faces*. Princeton University Press, Princeton, NJ, 1973.
5. Lévi-Strauss, C.: *Anthropologie structurale*. Plon, Paris, 1958.

civilización en movimiento. Gracias a las historias, la imaginación y el pensamiento son preservados del peligro de vagar sin rumbo."[6]

Entre los investigadores y profesores que trabajan en la universalidad de la historia, Dan McAdams, profesor de Psicología y Desarrollo Humano en la Northwestern University, cree que el mundo entero puede ser visto como un enorme lienzo creado sobre la base de estos relatos: "Las historias que creamos y contamos influencian las historias de otras personas y esas historias promueven la creación de más historias. A través de nuestros mitos personales y nuestras historias, ayudamos a crear el mundo en donde vivimos, al mismo tiempo que al mundo que nos crea".[7]

Aplicado a grupos y empresas, las historias son muy eficaces y en última instancia definen lo que los hombres y las mujeres son.

"Dime en qué historia crees, y ¡te diré quién eres!"

Sobre las organizaciones

Las historias crean significado para todos los miembros de una misma organización, y el hecho de compartirlas crea una dinámica extremadamente potente y determinante.

Nietzsche ha demostrado que es a través de sus propias historias como un grupo que una organización define su identidad, sus valores, el sentido que se le puede dar a ese grupo, a esa organización, de su propia definición de lo que le pertenece como de su propia definición de lo que no le

---

6. Safranski, R.: *Nietzsche. Biographie d'une pensée*. Actes Sud, Arles, 2000.
7. McAdams, D.P.: *The Stories we Live By. Personal Myths and the Making of the Self*, W. Morrow, New York, NY, 1993.

pertenece.[8] Estas son las historias y leyendas que permiten a una organización dar la bienvenida a nuevos miembros, así como adaptarse al cambio, según Michel de Certeau, ex director de l'École des Hautes Études en Sciencies Sociales y autor de obras sobre la historia de las religiones.[9]

También existen las historias y leyendas transmitidas en el entorno de la empresa que permiten a cada persona situarse, evaluar su contribución en relación con la de los demás y entender mejor el significado de su propia acción. La narración de historias en el entorno laboral no solo permite crear un vínculo dentro de los equipos, sino que también lo crea entre los equipos.

Para David Snowden, director del Instituto de IBM en Knowledge Management, la calidad de las historias y su conformidad o no con los valores que una empresa quiere transmitir son un buen indicador de la salud general de una organización.[10]

Max DePree, el CEO de Herman Miller Inc. –una empresa líder en el suministro de mobiliario de oficina y servicios– ha demostrado que si una comunidad se olvida de sus historias, pierde identidad. DePree menciona una anécdota de un amigo que había trabajado en una aldea de Nigeria a fines de la década de 1960. La electricidad, explicaba su amigo, acababa de llegar al poblado donde vivía con su familia. Se decidió que cada familia tendría derecho a una sola bombilla. El problema, contaba su amigo, era que todos estaban tan fascinados por esa pequeña bombilla, que permanecían contemplándola durante horas. Poco a poco, las noches alrededor del fuego y las historias que los ancianos de la tribu solían contar fueron desapareciendo.

---

8. Safranski, R., *op. cit.*
9. De Certeau, M.: *L'Invention du quotidien*, vol. 1, *Arts de faire*. Gallimard, Paris, 1980.
10. Snowden, D.: "Storytelling: an Old Skill in a New Context". *Business Information Review*, 16, 30-37, 1999.

Esta historia es un ejemplo de lo que puede sucederle a un grupo o a una comunidad que pierde a sus narradores y que se olvida de sus historias. Sin la historia tribal que hace de esta una historia viva, sin la conexión emocional y solidaria que lleva a compartir las historias, los miembros de una tribu, grupo o empresa muy rápidamente se olvidarían de quiénes son.

El término *storytelling* hoy en día está de moda en Francia, gracias en parte a la labor de Christian Salmon.[11] Pero si bien para este autor el *storytelling* tiene un lado muy negativo (sinónimo de manipulación, desinformación y propaganda), nosotros abogamos, al contrario, por una idea muy positiva de esta práctica.

Nuestra experiencia en el entrenamiento (*coaching*) de líderes nos ha convencido de que el *storytelling*, que representa la historia de una experiencia, de un aprendizaje, de una situación, de una identidad que puede inspirar a los demás y ayuda a compartir una visión de un futuro deseable, constituye indudablemente el instrumento más poderoso cuando es utilizado por un líder honesto y responsable para expresarse de manera veraz y auténtica.

---

11. Salmon, C.: *Storytelling, la machine à fabriquer des histoires et à formater les esprits.* La Découverte, París, 2007.

CAPÍTULO 2

LAS MEJORES PRÁCTICAS
DE LIDERAZGO

Durante nuestras investigaciones en actividades de asesoramiento y entrenamiento de líderes, hemos podido observar en los últimos diez años los rasgos del carácter, los comportamientos y los tipos de personalidad de los líderes de éxito. Nuestra conclusión es muy clara:

> *No se necesitan ni rasgos de carácter, ni de comportamiento, ni tipos de personalidad para ser un líder, y menos aún, características físicas.*

Usted puede ser bajo, alto, carismático, reservado, introvertido, extravertido, tranquilo, nervioso, autoritario, consensual... eso no es lo que cuenta. Lo que importa es:

- la búsqueda de sentido;
- la comprensión y el hecho de compartir la misión, los valores y la visión;
- el sentido de pertenencia.

Estas son las tres características que definen las mejores prácticas del liderazgo.

La búsqueda de sentido

Muchos autores han trabajado en lo que ellos llaman la importancia del sentido y el orgullo en el trabajo. Uno de los hallazgos de O'Reilly y Pfeffer, ambos profesores de Stanford, es que la gente necesita creer, si quiere sentirse bien con su trabajo, que lo que hace tiene un impacto real en la empresa y que por lo tanto su trabajo es de particular importancia.[1]

En su discurso sobre la autenticidad en el trabajo y la capacidad de dirigir, Bill George,[2] ex CEO de Medtronic, una compañía líder en el campo de la tecnología médica, expresa la convicción de que en la actualidad todo el mundo en la empresa busca dar sentido a su trabajo.

En su interior, cada uno de nosotros quiere estar orgulloso de su vida y tener el sentimiento de ¡servir para algo y ser reconocido!

"En las estructuras de una misión compartida, hacia la que convergen todas las estrategias puestas en marcha, la motivación de la gente proviene de su fe en la razón de ser del trabajo y de su sentimiento de participar en la creación de algo que vale la pena", explica Bill George.[3]

Para Robert Cooper y Ayman Sawaf, dos grandes expertos en inteligencia emocional, "los líderes tratan de comprender lo que, para sus empleados, es importante. Los grandes líderes son capaces de expresar con palabras los deseos más abstractos y las necesidades que sienten en lo

---

1. O'Reilly, C.; Pfeffer, J.: *Hidden Value: How Great Companies Achieve Extraordinary Performance with Ordinary People*, Harvard Business School Press, Boston, 2000.
2. Roche, L.: Conversación personal con Bill George, en el contexto del programa AMP, Harvard Business School, 2009.
3. George, B.; Bennis, W.G.: *Authentic Leadership: Rediscovering the Secrets to Creating Lasting Value.* Jossey-Bass, San Francisco, 2003.

más profundo de sí mismos aquellos a quienes lideran. Llegan a establecer conexiones entre las diferentes manifestaciones y crear comunidades donde las prácticas, las visiones y las influencias se comparten. Imaginan historias que cautivan y que le hablan al corazón de cada uno. Cuando se trata de una misión colectiva importante, cuentan historias referidas a ella y animan a la gente a unirse a su equipo".[4]

Los líderes ofrecen un rendimiento real y grandes perspectivas a aquellos con quienes trabajan. En el medio empresarial, esto significa que los líderes son capaces de dar sentido a la labor de cada uno. Comunicar una historia con tal fuerza, dice Peter Senge, profesor e investigador en el MIT, que "permite a las personas a las que dicha historia está destinada a formar parte de algo aún más grande de lo que ellas puedan imaginar".[5] Este es el caso, por ejemplo, de la empresa vitivinícola Fetzer, una de las primeras productoras de vinos de los Estados Unidos. Su antiguo CEO, Paul Dolan, cuenta cómo durante los 27 años que pasó al frente de la compañía impulsó a todos sus empleados a una búsqueda donde las preocupaciones sociales, empresariales y sobre el medio ambiente debían ser consideradas tan importantes como los resultados financieros. Durante una conferencia, en el inicio de su presidencia, expresó la convicción de que su compañía se convertiría en una empresa responsable en materia ambiental, capaz de desarrollar una visión extremamente moderna e innovadora, y la certeza de que todos juntos lo lograrían. Esta historia y la pasión que Paul Dolan puso al contarla, permitieron que cada persona de su empresa fuera más ambiciosa en el grupo.[6]

---

4. Cooper, R. K.; Sawaf, A.: *Executive EQ: Emotional Intelligence in Leadership and Organizations.* Grosset/Putnam, New York, 1997.

5. Senge, P.: *The Fifth Discipline: The Art and Practice of the Learning Organization.* Doubleday, New York, 1990. Hay versión en castellano: *La quinta disciplina. El arte y la práctica de la organización abierta al aprendizje.* Granica, Buenos Aires, 2012.

6. Dolan, P.: *True to Our Roots: Fermenting a Business Revolution.* Bloomberg Press, Princeton, NJ, 2003.

Cuando fundó Apple Computer, Steve Jobs entendió la necesidad de que los trabajadores encontraran un significado en su trabajo. Varios años más tarde, con palabras muy específicas, describió la motivación de los empleados en el comienzo de la era Apple: "Apple me ha dado la oportunidad de expresar la necesidad de unos y otros, y de dar sentido a su trabajo. [...] Ahora es parte de la marca comercial de Apple."[7]

Tener éxito en dar un sentido a la labor de cada uno es un poderoso instrumento de gestión; constituye una de las herramientas que pueden ayudarlo a transformar un grupo, hacer que sobresalga y por lo tanto a realizar grandes cosas.

Entender y compartir la misión y la visión

Un buen ejemplo de transformación de un grupo es la historia del proyecto conocido como "Proyecto Manhattan". Llevado a cabo con gran secreto por los Estados Unidos durante la Segunda Guerra Mundial, y dirigido por el físico Robert Oppenheimer y el general Leslie Grove, este proyecto debería conducir al desarrollo de la bomba atómica.

La historia del Proyecto Manhattan muestra toda la fuerza que pueden obtener los líderes de sus equipos siempre que definan y compartan con ellos una misión de importancia, lo que les permitirá lograr cosas realmente extraordinarias. Porque si cada uno de los participantes está convencido de que con su acción hace algo mucho más importante que solo su trabajo cotidiano, podrá encontrar increíbles recursos para lograr los objetivos que a menudo son considerados imposibles.

---

7. Sculley, J.; Byrne, J. A.: *Odyssey: Pepsi to Apple. A Journey of Adventure, Ideas, and the Future.* Harper & Row, New York, 1988.

Al principio, el Proyecto Manhattan había sido confiado a ingenieros, a quienes se les había pedido que realizasen largos y tediosos cálculos. Ellos hicieron su trabajo sin ningún tipo de convicción o motivación. Como los responsables del proyecto encontraron que el trabajo no estaba avanzando tan rápidamente como se esperaba, decidieron informar a los científicos de la verdadera naturaleza de su trabajo. Los ingenieros, a quienes se les dio la oportunidad de entender y compartir la misión y visión de su trabajo, y por lo tanto su verdadero significado, cambiaron rápidamente el ritmo y lograron resultados espectaculares. Saber que estaban participando en la creación de una bomba atómica que pondría fin a la Segunda Guerra Mundial permitió que optimizaran su forma de trabajo. Desde el momento en que conocieron su misión, fueron capaces de compartir la increíble sensación de formar parte de una aventura extraordinaria.

La empresa es una estructura en la que, si las cosas se hacen correctamente, todos pueden aportar algo.

El mundo del deporte ofrece ejemplos similares. Phil Jackson, legendario instructor del equipo de baloncesto de los Chicago Bulls –y de su jugador estrella Michael Jordan– y actual entrenador de los Lakers de Los Ángeles, dice que uno de sus principales objetivos no era tanto obtener resultados a corto plazo, sino elevar el nivel de conciencia del equipo. Phil Jackson constantemente les recuerda a sus jugadores que están trabajando en una búsqueda cuya importancia va mucho más allá de los intereses individuales de cada uno.

Tener éxito en la creación de un equipo de élite, ya sea en el deporte, los negocios o la política, es esencialmente un acto espiritual. Esto requiere que los individuos sean abnegados, lo que implica que abandonen sus propios intereses por el bien común.

Para fortalecer el sentido de una búsqueda colectiva sagrada y significativa, Phil Jackson había creado en la sala de reuniones de los Chicago Bulls una atmósfera como si allí hubiera una hoguera, un lugar único, rico en historias y en símbolos donde los miembros del grupo se pudieran encontrar y crear vínculos muy fuertes. En esta sala reservada para el equipo se había reproducido toda la decoración necesaria para una ceremonia espiritual. Era el refugio privado de los Chicago Bulls: un espacio sagrado, decorado con los tótems de la patria estadounidense y otros objetos simbólicos que Phil Jackson había traído de sus viajes. Había una flecha de madera de la que suspendía un paquete de tabaco, el símbolo de la oración de los Lakota Sioux; la garra de un oso, que simboliza la fuerza y la sabiduría; las plumas de la cola de un búho para el equilibrio y la armonía del grupo, etc. Había también un cuadro que recogía las aventuras del gran guerrero Crazy Horse, fotos de una cría de búfalo blanco nacida en Wisconsin, símbolo de suerte y prosperidad. "Hice decorar la habitación de esa forma para que cada jugador estuviera totalmente impregnado con la idea de que, cada año, nuestro viaje juntos, desde el inicio del campamento hasta el pitido final en los *play-offs* [las rondas finales del campeonato norteamericano] fuera una misión sagrada. Todo esto era nuestro santuario, donde los jugadores se reunían y preparaban sus corazones y mentes para la batalla, lejos de los medios de comunicación y de la presión del mundo exterior. Así es como nació el espíritu del equipo."[8]

---

8. Jackson, P.; Delehanty, H.: *Sacred Hoops: Spiritual Lessons of a Hardwood Warrior*. Hyperion, New York, 1995.

El sentimiento de pertenencia

El sentimiento de pertenencia es un motor muy poderoso, un motor cuya potencia puede aun multiplicarse. Para que este sentimiento surja, distinguimos dos condiciones:

- Se debe tener éxito en persuadir a las personas de sus equipos ya que ellas son depositarias de una identidad única;
- se debe tener éxito en convencer a los que son diferentes y especiales.

Uno de los maestros de esta dinámica de motivación fue Steve Jobs. A principios de la década de 1980, había imaginado para su equipo una historia de identidad única. Logró persuadir al equipo de Apple de que eran piratas. Piratas que todo el mundo pensaba que finalmente se iban a rendir, pero los piratas no se rendirían y se batirían hasta el final para lograr lo imposible, no solo contra los competidores, sino también contra todos aquellos que, incluso dentro de Apple, no lo creyeron.

John Sculley, un graduado de Wharton y antiguo CEO de Apple –antes había sido CEO de PepsiCo–, recordaba esa misma época. Los piratas de Steve formaron un equipo reclutado de entre los mejores francotiradores que estaban trabajando tanto dentro como fuera de Apple. Su misión era modificar las mentalidades e invertir el orden establecido por las normas. Unidos por el lema zen "el viaje es la recompensa", no dudaron en romper los hábitos para encontrar nuevas ideas. Steve Jobs, que había inventado la metáfora de los piratas, la usó por primera vez en septiembre de 1982 con su pequeño equipo de Mac. Les dijo: "Es aún más divertido ser un pirata que tener que participar en la Armada".[9]

El grupo de Apple ha logrado resultados realmente notables. No solo porque la gente de Apple contaba con

---

9. Sculley, J.; Byrne, J. A.: *op. cit.*

un sentimiento de pertenencia a un grupo muy especial, sino porque estaban convencidos de que la misión que compartían era crucial para ellos y para el conjunto de la sociedad. Steve Jobs había atizado el fuego de la hoguera inspiradora al contarles el combate que todo equipo debería librar contra un enemigo súper poderoso, y para ello utilizó las imágenes que evocaban las heroicas luchas donde se enfrentan el bien y el mal, como las que pueden verse en *Star Wars* o en *El Señor de los Anillos*. Darle a IBM el papel de villano, llevó a su departamento, encargado del desarrollo de software, a límites increíbles. Siempre puede haber *dead lines*, ya que los programadores estaban exhaustos por trabajar las 24 horas del día, pero aún así Steve Jobs podía dar a sus empleados la fuerza necesaria para continuar con su trabajo. "Si no lo hacemos, ¡IBM nunca más podrá ser vencido! Si contar con muy buenos productos, mucho mejor que los suyos, no es suficiente para competir con ellos, entonces estaremos perdidos, tendrán la totalidad del mercado, habrán construido el mayor monopolio de todos los tiempos. [...] Nadie más que nosotros puede detener a IBM."[10]

Para Warren Bennis, experto en consultoría organizacional y pionero en el estudio del liderazgo, los grandes líderes comparten la sensación de que fueron designados por Dios para hacer algo urgente y excepcional.[11] Rosabeth Moss Kanter, profesora de gestión en Harvard, ha demostrado que los equipos o las empresas que obtienen los mejores resultados suelen contar con un fervor propio del fanatismo. "Las empresas con mejores rendimientos desarrollan un celo de misionero, un término que recuerda las culturas

---

10. Levy, S.: *Insanely Great: The Life and Time of Macintosh, the Computer that Changed Everything*. Penguin Books, New York, 1995.
11. Bennis, W. G.; Biederman, P. W.: *Organizing Genius: The Secrets of Creative Collaboration*. Addison-Wesley, Reading, Mass., 1997.

del fanatismo con sus ídolos reales",[12] explica. Los grandes líderes consiguen transmitir a sus equipos un sentido de grandeza, incluso en exceso, la sensación de que la tarea del grupo es monumental aun cuando, como suele suceder, el trabajo en sí mismo no tiene nada de interesante.

En Charles Schwab & Co., por ejemplo, el ex CEO David Pottruck se negaba a resumir la actividad de su empresa a la simple venta de productos y servicios financieros. Él prefería decir que realizaba los sueños de sus clientes. Al inscribirse como defensor de una causa, no solo como comerciante, David Pottruck reconsiguió convencer a los empleados de que su trabajo era esencial para el bienestar de sus clientes.

Pocos equipos o empresas llegan a este nivel de fanatismo, pero quienes lo hacen, a menudo los mejores, dan una buena lección de liderazgo. Un ejemplo es el caso de Warren Buffett, el mayor accionista de American Express, cuya obsesión por la marca y el servicio al cliente es legendaria.

Para tener éxito e inspirar cambios duraderos en la gente que trabaja con usted, sus mensajes deben contener imágenes de sueños importantes. ¡No tenga miedo! Tan ambiciosas como usted son las personas que dirige, y a ellas nada les parecerá suficiente.

A partir de un cuidadoso examen de los hábitos de los grandes líderes, y de la experiencia en entrenamiento y en la enseñanza, así como de la investigación, nuestro objetivo es enseñarle un método que le permita adquirir esa poderosa herramienta que es la narración de historias.

Eso lo ayudará a que avance en el ejercicio de su liderazgo para ser todavía más eficiente, o simplemente para ayudarlo a encontrar su "voz" y convertirse en uno de los grandes comunicadores de su tiempo.

---

12. Kanter, R. M.: *Evolve! Succeeding in the Digital Culture of Tomorrow.* Harvard Business School Press, Boston, 2001.

CAPÍTULO 3

LAS CUALIDADES
DE UN GRAN LÍDER

Si quiere ser un gran líder, le pediremos que se concentre en algunas cosas que es crucial que entienda, en lo que haremos y en lo que nunca debemos hacer.

Dado que nuestro trabajo se basa en el liderazgo "inspirador" y de transformación, le pediremos que acepte hablar desde la emoción. Este es un requisito para que usted pueda motivar a su equipo, en vez de utilizar de forma abusiva el PowerPoint que adormece o, peor aún, que es un resumen de lo que usted va a decir.

También tenga en cuenta que estos no son consejos o trucos para hacer de usted un líder "carismático". Nuestro objetivo no es convertirlo en otra persona, sino ayudarlo a que se conozca mejor, porque a partir de lo que usted es, desde sus creencias, sus valores y su propia historia es como podrá inspirar y transformar a su equipo de forma permanente.

Muchas personas piensan que el carisma es inseparable del liderazgo. Sin embargo, nuestra investigación y experiencia en el entrenamiento y la enseñanza de líderes nos ha convencido de todo lo contrario.

No necesariamente un gran líder debe ser carismático

Los líderes eficaces no necesariamente son carismáticos; sin embargo, todos tienen valores, una visión, todos desarrollan una estrategia y saben cómo ponerla en práctica; todos hablan por sí mismos y todos tienen historias para contar.

En su estudio de dos ex primeros ministros israelíes –Shimon Peres y Yitzhak Rabin– Boas Shamir, profesor de la Facultad de Ciencias Sociales de la Universidad Hebrea de Jerusalén, muestra que eran totalmente diferentes en muchos aspectos. Peres era un líder tradicional, lo que suele llamarse "de tipo transformacional". Tenía una visión clara y emanaba carisma. Rabin, en cambio, era tímido y no tenía nada de líder carismático tal como se lo puede imaginar. Pero ambos –sobre la base de ciertos criterios que podrían discutirse– han sido grandes líderes. Shimon Peres y Yitzhak Rabin han seguido cada uno su propio estilo; sus discursos para motivar a sus equipos se basaban en historias autobiográficas reales.[1]

Si nos acercamos al mundo de la empresa, observamos que el estilo Steve Jobs, por ejemplo, no es lo que lo hace carismático. Como veremos, las historias que cuenta, al ser auténticas, son extremadamente poderosas.

Un gran líder domina el arte de contar cuentos

El elemento indispensable para el liderazgo no es el carisma, sino la capacidad de contar historias que puedan provocar un cambio fundamental en los empleados. Dominar el arte de la narración es una habilidad esencial para el líder y sin duda consiste en el instrumento más poderoso que tiene a su servicio.

---

1. Sadowsky, J.: Conversación personal con Boas Shamir, UK, Oxford, 2002.

Nuestro trabajo no radica en darle una mano para que sea más carismático, sino en ayudarlo a trabajar sus propias cualidades basadas en su identidad, en su "yo" y en sus propias historias.

El estilo de un gran líder no es lo importante

Lo esencial es que logre desarrollar autenticidad y una habilidad para comunicarse con su equipo, para que ante todo se exprese de forma auténtica, desde lo que es y lo que siente. Al igual que Terry Pearce, un consultor en comunicación y profesor de la Haas Business School de la Universidad de California en Berkeley, lamentamos la actual tendencia de muchos consultores en concentrarse en las técnicas mecánicas del discurso y no en el orador. Demasiado a menudo, estos profesionales tratan de estudiar la apariencia del lenguaje, mientras que el verdadero poder está en la verdad de quien habla.[2]

Doug Lipman, uno de los primeros en enseñar el arte de la narración, dijo que es mucho más importante descubrir la voz interior que trabajar en el estilo y la técnica. "El estilo y la habilidad son independientes. Si encuentra su manera personal de comunicarse, su estilo lo seguirá."[3]

Esto es en lo que vamos a esforzarnos en enseñarle.

Un gran líder es auténtico

La autenticidad es mucho más determinante para el éxito del liderazgo que el estilo. La inspiración, la motivación,

---

2. Pearce, T.: *Leading out Loud: The Authentic Speaker, the Credible Leader.* Jossey-Bass Publishers, San Francisco, 1995.

3. Lipman, D. *Improving Your Storytelling: Beyond the Basics for all who Tell Stories in Work or Play.* August House, Little Rock, 1999.

la comunicación y el liderazgo son todos elementos que solo tienen sentido y fuerza cuando están basados en la sinceridad.

Jerry Weissman, uno de los primeros entrenadores de Silicon Valley, cree que contar una historia real y de manera auténtica es más importante que centrarse en la habilidad y en la técnica. Por eso dirige su entrenamiento a la enseñanza de la narración y no al empleo ilusorio de técnicas que, como por arte de magia, podrían crear un líder de la nada.

Cuando la historia es auténtica, la manera como se la cuente no es lo más importante. Sin embargo, a la inversa no es así. Usted puede ser el más brillante de los oradores, pero si su historia no es propia, su mensaje no se transmitirá.[4]

Los grandes líderes George Washington, Abraham Lincoln, Winston Churchill, Franklin Roosevelt, Margaret Thatcher, Martin Luther King, la Madre Teresa, John F. Kennedy, etc., poseían estilos muy diferentes. Pero lo que hacía que sus estilos fueran eficaces, era que todos eran profundamente auténticos; una cualidad que les ha permitido ser formidables contadores de historias.

Sus referencias

- Aprenda a conocerse a sí mismo.
- Aprenda a ser usted mismo.
- Aprenda a expresarse con su voz auténtica.

---

4. Weissman, J.: *Presenting to Win: The Art of Telling Your Story.* Financial Times/ Prentice Hall, Upper Saddle River, NJ, 2003.

CAPÍTULO 4

¿QUÉ SIGNIFICA "CONTAR HISTORIAS"?

De la misma manera que llamamos la atención sobre el peligro de confiar demasiado en el carisma, convendría también alertar sobre el uso que puede hacerse de la palabra "narración". De hecho, este término puede ser mal entendido o mal interpretado. La expresión "contar historias" abarca significados muy diferentes. Por lo tanto, es importante no confundir nuestra definición de narración –contar cosas específicas, reales, auténticas y emblemáticas–, reflejo de lo que somos, de lo que representamos, de nuestros valores y de nuestra visión, con otra posible connotación: elaborar historias inventadas, engañosas y demagógicas (relatos a los que volveremos al final de este libro, Capítulo 12, en lo que hemos llamado "Limitaciones y cuestiones éticas sobre 'contar una historia'").

Antes de abordar nuestra definición, es necesario concentrarse en aprender a hablar con el corazón, a un nivel emocional, en vez de intentar impostar la voz o buscar la posición de las manos.

Para tener éxito, para mejorar su liderazgo, para comunicarse de manera auténtica, le proponemos que transforme su modo de pensar sobre sí mismo y sobre la forma de comunicarse con los demás.

Sus siete aprendizajes

1. Desarrolle una comprensión profunda de su "yo", de la razón de su existencia, de aquello que usted representa y de lo que es importante para usted. Trate de comprender mejor las influencias que constituyen la base de lo que usted es hoy.
2. Utilice este conocimiento de sí mismo para comunicarse con autenticidad.
3. Hable de manera clara, directa y simple.
4. Utilice el poder de sus historias personales para realmente conmover a la audiencia.
5. Aproveche todas las circunstancias posibles para enseñar en la vida profesional (discursos, grandes ocasiones, intervenciones formales e informales, etc.).
6. Comparta sus valores y su visión.
7. Cuente una historia fuerte, que pueda inspirar y transformar a su equipo de una manera duradera.

Sus siete beneficios

1. Gran confianza en sí mismo para comunicarse con aquellos a los que dirige.
2. Relaciones sólidas con los demás en diferentes contextos.
3. Confianza de quienes trabajan con usted.
4. Capacidad para construir un discurso apto para el entrenamiento y motivación de grupos y equipos.
5. Habilidad para mantenerse apasionado y enérgico.
6. Gran comprensión de su forma de comunicar.
7. Aumento en la eficacia para comunicarse, facilidad para reunir a la gente que dirige, y hacerla compartir una misma visión y un futuro apasionante.

Aprenda a saber quién es usted

Para comenzar, le proponemos un pequeño ejercicio: prepare una breve presentación sobre su negocio, las distintas actividades formales e informales que está acostumbrado a realizar, sus productos, los servicios que ofrece a sus clientes, su organización, etc.

Si bien al principio este ejercicio le puede parecer fácil, a medida que pasen los minutos, le parecerá cada vez más difícil. Percibirá que se irá perdiendo en detalles que no sabe muy bien si son o no pertinentes para dar respuesta a la pregunta. Hasta aquí, ¡no hay nada raro! Como la mayoría de los líderes con que nos encontramos, usted simplemente se encuentra condicionado por su medio profesional, donde cualquier presentación debe ser lo más completa posible, explicada en profundidad, con descripción de los hechos y análisis de informes. Esto significa buscar cifras, tablas, gráficos, diapositivas, presentaciones... En resumen, todo un conjunto de herramientas que utiliza con demasiada frecuencia y que, a fin de cuentas, a veces sirven menos de lo que parece.

Si ahora, una vez terminado el ejercicio, debiera reproducir la presentación apostamos que sería intelectualmente brillante. Sin embargo, no es tan seguro que este discurso ¡pudiera apasionar a su público!

Todos tendemos a perder nuestra audiencia por hacer presentaciones demasiado prolongadas, detalladas en exceso, muy complejas y sin ninguna emoción. No nos damos cuenta de que podríamos captar más fácilmente la atención de casi todos los públicos con un discurso autobiográfico real. Nuestras historias –la herramienta más poderosa para establecer relaciones emocionales con otras personas– se pierden en el laberinto de las herramientas y la técnica. Las diapositivas, gráficos, cifras y tablas son eficaces cuando son bien utilizadas, pero tienen un efecto negativo en dosis altas.

Sus referencias

- ¡Simplifique!
- ¡Personalice!
- ¡Piense ante todo en contar sus historias!

Para continuar aprendiendo sobre su "yo", otra de nuestras preguntas es: "¿Qué representa usted?". Este interrogante permite una mejor comprensión de *usted mismo*; es decir, su verdad interior. Con bastante frecuencia nos sorprende ver que muchos líderes y dirigentes, todos ellos con experiencia, con currículums impresionantes y con experiencia en liderazgo de equipos, no saben dar respuestas simples y precisas a esta pregunta tan sencilla.

Las tres preguntas que debe hacerse a sí mismo

1. ¿Quién es usted?
2. ¿Qué representa?
3. ¿Qué marca le gustaría dejar en su empresa y en el mundo?

Las respuestas a estos tres interrogantes son esenciales si desea dirigir a personas. Si ellas no entienden a la perfección quién es usted, o lo que desea hacer, o si dudan de su autenticidad, no lo seguirán. Arrastrarán los pies, como si después de todo eso realmente no les preocupara.

Un líder no puede dirigir si no cuenta con unos valores, una visión del mundo o un punto de vista auténtico y sólido sobre quién es él. Para Warren Bennis, consultor de organizaciones, si un líder quiere expresarse real y sinceramente, debe desarrollar una visión de un futuro apasionante, y si esta visión no se reconoce no es un líder. Esta debe ser su exigencia.[1]

Cuando Michael Dell, fundador de la empresa informática Dell, se refiere a la fuerza de la venta directa cuenta historias de su infancia para enseñar a sus empleados lo que se conoce como la "desintermediación". Dell, cuyos padres habían tenido éxito en los negocios y le hablaban de "oportunidades comerciales" durante las comidas familiares, de-

---

1. Bennis, W. G.: *On Becoming a Leader.* Addison-Wesley Pub. Co., Reading, Mass., 1994.

sarrolló muy pronto un sentido para los negocios bastante particular en cuanto a la eliminación de intermediarios. Cuando tenía 12 años, Dell tuvo su primera experiencia en el comercio, al realizar su propio catálogo para coleccionistas de sellos, eliminando la intermediación de la casa de subastas. Mediante esta y otras historias de su juventud, Dell pudo identificar algunas de las características que constituyeron la base del éxito de su empresa, e ilustrar y compartir sus creencias y convicciones. Por haber escuchado sus historias, podemos afirmar que ellas son mucho más eficaces para sus empleados, clientes e inversores que cualquier otra explicación teórica.

Una comunicación eficaz
es una comunicación emocional.

Aprenda a utilizar sus emociones

Aprender a usar sus emociones no significa rechazar la tecnología. En numerosas organizaciones, a menudo hemos ayudado a los dirigentes y empleados a adoptar la innovación. Pero si hay algo sobre lo que deseamos advertir a los líderes, eso es el mal uso de la tecnología en detrimento de la emoción humana.

El conocido guionista y antiguo profesor de la Universidad del Sur de California, Robert McKee, ha demostrado que la persuasión –la capacidad de convencer– es la que conduce el mundo de los negocios. McKee nos advierte de los peligros de ser demasiado dependientes de las diapositivas, de los hechos o del razonamiento lógico, ya que existen argumentos que, si bien son muy serios, suelen ser recibidos con escepticismo o fatiga, cuando no directamente rechazados.[2]

---

2. McKee, R.: "Storytelling That Moves People", *Harvard Business Review*, 81, 5-8, 2003.

Al valerse de argumentos racionales, cuando se recurre a un razonamiento analítico, a veces puede sentir que su mensaje "no siempre llega", que queda "atascado" en alguna parte. Existe alguna resistencia en la gente a quien está dirigido. Si en cambio, desea que sus empleados se sientan comprometidos con entusiasmo, en lugar de PowerPoint elija para su presentación el ámbito más general de la narración de historias.

El PowerPoint, los números y la lógica ayudan a comprender las cosas intelectualmente. Pero una buena historia permite que la gente sienta las emociones y se apropie de las cosas. Esto es así porque las historias se conectan con el cerebro límbico –donde residen las emociones– que puede inspirar la pasión, y no solo la comprensión. Esta es la conexión emocional que debe buscar cuando hable de su visión, cuando trabaje para promover los valores y la cultura de su empresa, o cuando desee inspirar y transformar en forma durable a la gente que usted dirige.

La narrativa es más convincente que un discurso basado en hechos. Realmente es más eficaz para divulgar o defender una causa. Por ejemplo, cuando se dice que "debe prevalecer el interés general" la gente tiende a desconfiar. Mediante la historia es la única manera de hacer llegar este tipo de concepto y transformar lo que podría parecer una trivialidad en una consigna alentadora. Cuando se habla de honestidad, la gente tiende a desconfiar y a preguntarse cuáles son sus intenciones. Si usted cuenta una historia que muestra cómo, concretamente y en qué situación, una persona aparece especialmente honesta, quienes lo escuchan lo aceptarán y creerán.

En nuestro trabajo con empresas especializadas en capital de riesgo, vemos a muchas personas que hacen presentaciones de sus empresas y de los conceptos de negocio que defienden. Hay que decir que no quedamos muy impresionados por los *business plan*, proyecciones, hechos, cifras, argumentos racionales y presentaciones en Power Point. En la actualidad, cualquiera es capaz de hacer una presentación formal y una proyección de diapositivas.

Incluso existen excelentes obras que describen todo el proceso. Para nosotros, sentir la historia y la energía del interlocutor es mucho más importante al momento de decidir una inversión, que cualquier proyección de diapositivas.

Por lo tanto, cuando aconsejamos a los oradores, los incitamos a concentrarse en transmitir una historia que su público pueda retener, antes que en los detalles de la información.

El especialista de capital de riesgo en Silicon Valley, Don Valentine, desarrolla el mismo argumento. Las presentaciones comerciales deben basarse en la narración de historias mucho más que en información o detalles técnicos. Valentine, quien asiste a cientos de presentaciones cada año, la mayoría hechas por empresarios inteligentes en busca de financiación, habitualmente se sorprende por el fracaso de tales encuentros a la hora de comunicar de manera eficaz y convincente. "El problema es que nadie sabe cómo contar una historia. Y, lo que es peor, ¡nadie sabe que no sabe contar una historia!",[3] explica.

Al estar seguros de que usted es capaz de defender racionalmente un punto de vista, para avanzar en su liderazgo o simplemente para encontrar su "voz", es necesario que construya puentes entre el mundo de la razón pura y el de la razón práctica, un espacio donde la emoción y la narración deben tener un lugar.

---

3. Weissman, J.: *Presenting to Win...*, *op. cit.*

PARTE 2

LAS SIETE REGLAS PARA CONTAR HISTORIAS Y SUS LIMITACIONES

Para ser un líder auténtico, para contar una historia que llegue a quienes está dirigida, se deben cumplir siete reglas fundamentales:

1. Involucrarse en su viaje interior.
2. Crear una historia auténtica.
3. Involucrar a aquellos con los que trabaja.
4. Ser usted mismo.
5. Proyectarse.
6. Personalizar sus historias.
7. Simplificar en todo momento.

Barack Obama, al igual que muchos políticos de los Estados Unidos, domina el arte de contar historias. Lo ponemos como ejemplo en la apertura de esta parte por ser un ícono emblemático que ilustra a la perfección la aplicación de las siete reglas que vamos a desarrollar en los capítulos siguientes. Cuando habla sobre su comprensión de los pobres, se apoya en sus *historias personales* y en su pasado. Sus intervenciones comienzan con los recuerdos de su infancia. Nos enteramos de que en gran parte fue criado por sus abuelos, que ha cambiado varias veces de región y de país, y sobre todo que sus orígenes fueron humildes. En sus discursos, Obama se refiere a esos años difíciles y a las huellas que le han dejado. Si bien más tarde tuvo la oportunidad de ir a las mejores universidades del país, lo que ha vivido le ha permitido comprender muy bien y por lo tanto compartirlo con quienes han nacido en ambientes más desfavorecidos. El hecho de hablar con tanta frecuencia de su pasado le brinda autenticidad, y su manera de identificarse con los más pobres y su sensibilidad hacia ellos le confieren una credibilidad que ningún otro candidato presidencial en la historia de los Estados Unidos pudo igualar. Del mismo modo, cuando cuenta historias de su experiencia como voluntario en los barrios más peligrosos de la zona sur de

Chicago, creemos en lo que nos dice porque conocemos su pasado.

Barack Obama fue capaz de *involucrarse en su viaje interior* para aprender de su pasado y saber así encauzar sus lecciones de la vida y convertirlas en "oportunidades educativas". En sus discursos o en su libro, cuando habla de su origen multirracial, se niega a ver el lado trágico de su mestizaje, su alma dividida entre dos mundos. Al contrario, él cuenta que su experiencia, aunque difícil –los demás creen que debería haber sido una verdadera desventaja–, no solo le ha aportado una apreciación de la diversidad y una aguda comprensión de lo que son los demás, sino también una gran curiosidad y ganas de llegar a la gente. Obama ha logrado realmente enriquecerse con su experiencia, con una comprensión que le ha permitido desarrollar un enfoque y una visión únicos, y consigue hacernos partícipes de ese mundo y de sus diferentes perspectivas.

Durante la campaña presidencial, Obama utilizó las lecciones de su pasado para *crear una historia auténtica* y que lo revelan como un auténtico líder. Él siempre ha contado sus historias de identidad. Hijo de una madre blanca de 18 años y de un padre keniano, fue llevado durante toda su infancia de un ambiente a otro y por diferentes países. De su experiencia de vivir en el extranjero y con un padre africano, ha sabido aprovecharse de una gran ventaja que en la actualidad le permite una apertura excepcional hacia la diversidad y riqueza cultural del mundo.

En su libro, *Dreams from my Father*,[1] Barack Obama recuerda las lecciones de sus padres y de sus abuelos. Entre lo que le inculcaba su madre, se encuentra el rechazo a esa "mezcla de desprecio e ignorancia" que muy a menudo era

---

1. Obama, B.: *Dreams from my Father*. Times Books, New York, 1995. (Hay traducción al castellano: *Los sueños de mi padre: una historia de raza y herencia*. Evaristo Páez Rasmussen, Granada, 2008.)

la actitud característica del norteamericano cuando iba a vivir a países en vías de desarrollo.

Cuando escuchamos hablar a Barack Obama, nos llama la atención que *encarne plenamente sus historias,* aunque también los mejores elementos de Norteamérica. Los Estados Unidos siempre se han distinguido como una especie de *crisol de culturas,* un país de diversidad donde triunfan las mejores ideas, donde se puede soñar con un futuro mejor (de ahí la gran difusión del famoso *"yes, we can!"*), donde cualquier persona, independientemente de sus orígenes, puede convertirse en un gran líder si está dispuesta a trabajar; un país donde la iniciativa, la creatividad y la disciplina personal pueden conducir al individuo a los picos más altos. Por ello el presidente, que habla de su admiración por ese "gran país", encarna sus mejores valores y los expresa a través de sus historias biográficas.

Involucrar a aquellos con los que él trabaja: en este discurso, especialmente durante la campaña electoral, Obama ha subrayado en varias ocasiones su pasión construida a partir de todos esos años difíciles por incluir a los demás en sistemas de verdadera colaboración. Una historia que cuenta a menudo es la de su elección como editor de la célebre *Harvard Law Review,* cuando era estudiante. En el momento de su elección como editor, existía una intensa rivalidad entre los grupos de los liberales y de los conservadores. Como el propio Barack Obama explica, fue elegido gracias a su gran capacidad para escuchar y a su facilidad para encontrar un camino intermedio entre los dos bandos. Durante su campaña presidencial, Obama y su equipo se sirvieron ampliamente de esta historia para poner de relieve su capacidad de unión y así forjar la imagen de un futuro presidente que podría conciliar los puntos de vista de demócratas y republicanos en el Congreso.

Cuando el presidente Obama se refiere a la necesidad de reformar el sistema de atención médica y seguro de salud en los Estados Unidos, *personaliza su historia* y habla de su madre, que durante mucho tiempo padeció de cáncer y que falleció. Obama y su madre, durante estos momentos tan difíciles, pasaron mucho tiempo discutiendo, e incluso "peleando" con las compañías de seguros. Un candidato o un presidente que insiste en la necesidad de modificar de manera radical estos sistemas es mucho más creíble cuando puede contar una historia personal e intensa como ejemplo (aunque eso no elimine las dificultades para convencer al país que debe aceptar una reforma tan profunda).

Entre las historias que Barack Obama ha contado durante su campaña, y que su equipo ha divulgado con talento, encontramos la de un hombre disciplinado que puede imponer una cierta rigurosidad en la dirección del país. Para demostrar que sus historias eran auténticas y creíbles, el candidato se comprometió a dejar de fumar y a levantarse temprano para hacer 30 minutos de ejercicio todas las mañanas, a pesar de las exigencias de la campaña electoral.

Esta disciplina, que le ha permitido llevar una vida simple y sana, también se remite a su capacidad para *simplificar sus historias*. A lo largo de toda la campaña presidencial, Obama supo contar una historia de futuro extremadamente simple, una historia de esperanza y cambio, y logró que sus mensajes claros y simples se apoyaran en narraciones de vivencias personales.

CAPÍTULO 5

REGLA N° 1.
INVOLÚCRESE EN SU VIAJE INTERIOR

Un ejercicio obligatorio

Para los líderes con éxito, el viaje interior o de autoexploración es una constante, un proceso continuo que dura toda la vida. Así lo asegura el especialista en liderazgo de Harvard Business School, John Kotter. El aprendizaje a lo largo de la vida y la comprensión del "yo" son las claves del liderazgo moderno del siglo XXI.[1]

El objetivo de esta primera regla es ayudarlo a que se conozca mejor.

Para tener éxito y seguir adelante con el enfoque propuesto, usted debe estar convencido de que sus mensajes, para ser eficaces, deben estar basados en este trabajo de introspección antes propuesto. Es su capacidad para comprender su propio funcionamiento lo que generará en sus equipos el deseo de seguirlo. Y eso es así porque la gente estará emocionalmente receptiva para compartir sus emociones presentes en su

---

1. Kotter, J. P.: *Leading Change.* Harvard Business School Press, Boston, 1996.

historia y a comprometerse con usted. Y por eso, la gente se comprometerá con usted y su historia. Al ser capaz de realizar determinados tipos de historias, relatos de identidad, de valores, de su visión del mundo, historias que realmente representan lo que usted es en la vida y en el trabajo, ellas serán poderosas, auténticas y, por lo tanto, con capacidad para influir a la gente que trabaja con usted.

Cuando Noël Tichy, profesor de comportamiento organizacional en la Universidad de Michigan, se refiere a la manera en que trabajan los líderes eficaces, destaca su capacidad de realizar una autoexploración honesta: "Los líderes, los más eficaces, comienzan por mirarse al espejo".[2]

No es necesario que usted tenga un pasado extraordinario; para ser extraordinario usted debe ser capaz de explorar y de sacar partido de las lecciones recibidas de su experiencia, del pasado y de su naturaleza interior.

Roderick Kramer, profesor de Stanford Business School, en un estudio sobre las personalidades y los comportamientos de los líderes que han fracasado, demostró que existe una relación entre los fracasos en el liderazgo y la incapacidad del líder para comprender quién es él y cuáles son sus valores. Kramer demostró que la reflexión y el sentido del "yo" con frecuencia constituyen el signo distintivo entre el líder eficaz, el que tiene éxito, y el ineficaz, el que fracasa. Los líderes que triunfan se esfuerzan en ser reflexivos.

Esto puede parecer paradójico, ante la actual cultura del mundo laboral que privilegia la acción a la reflexión. Admiramos a los líderes pioneros, que transforman las industrias y superan todos los objetivos. "Considerando la importancia que se le concede al 'hacer cosas', no sorprende que muchos líderes que han fracasado, y a quienes he estudiado

---

2. Tichy, N. M.; Cohen, E. B.: *The Leadership Engine: How Winning Companies Build Leaders at Every Level.* HarperBusiness, New York, 1997.

en cuanto a su manera de hacer las cosas y su forma de ser, tuvieran una percepción de su 'yo' relativamente pobre", escribe Kramer.[3]

Etapas preliminares del viaje interior

Para "expresar" sus anécdotas de liderazgo y conseguir transformarse en un formidable contador de historias, es importante saber que esas historias siempre existen en el interior de cada uno de nosotros, por lo que es necesario descubrirlas, o redescubrirlas para "reescribirlas" y contarlas mejor.

Evidentemente el objeto no es inventar historias que no tengan ningún enlace con lo que usted es en realidad, sino conseguir darle "una nueva perspectiva" a los hechos de su vida. Las historias que los líderes realmente eficaces cuentan resultan interesantes a quien las escucha, con la condición, claro, de que sean verídicas; es decir, que estén basadas en los valores y las experiencias de sus vidas. Por lo tanto, cuando utilice las técnicas de comunicación, nunca debe hacerlo para cambiar una historia o su significado, sino para volverla más poderosa.

El principio del viaje interior se basa en un ejercicio de introspección y de autodescubrimiento; con dicho ejercicio como punto de partida, usted comenzará a construir su "escenario" de liderazgo.

Desarrollar un escenario claro –un escenario donde verdaderamente usted crea, que lo exprese y lo encarne– lo ayudará a convertirse en un líder eficaz.

No existe una fórmula mágica para empezar. Este compromiso es continuo y progresivo, y lo más importante es

---

3. Kramer, R. M.: "The Harder They Fall", *Harvard Business Review*, 81, 58-66, 2003.

empezar el proceso. A medida que comience a comprender el poder de encontrar y personalizar su historia, su "saber hacer" va a mejorar y su capacidad de comunicarse mediante historias progresará de forma natural.

Los siguientes párrafos lo ayudarán a comenzar. Estos son intencionalmente repetitivos, enuncian conceptos y utilizan diferentes imágenes. Como este proceso es específico para cada uno, tome las ideas y las imágenes que le parezcan más convenientes y después "tírese a la piscina".

Es importante que le dedique un tiempo a la reflexión y que escriba todo lo que, según usted, le ha permitido llegar a ser lo que es en la actualidad.

Para ello, reserve en su agenda algunas horas. La experiencia muestra que la mayoría de las personas necesitan dedicarle tiempo. Descanse un poco cuando lo necesite, y luego intente volver al trabajo. Serán necesarias varias sesiones para completar esta primera tarea.

Logre descubrir su "yo"

Trabajar en su viaje interior significa descubrir, a través de las respuestas que pueda obtener de una serie de preguntas, la esencia de su existencia en su totalidad. ¿Cuáles han sido los momentos cúspides de su vida, y cuáles los más "bajos"? Bucee lo más profundamente que le sea posible en su infancia –¿cuáles son los primeros recuerdos que le vienen a la memoria?– y después, vuelva paso a paso hasta el presente. A lo largo de su viaje, recuerde los momentos en los que demostró mayor energía. ¿Cuáles fueron y qué personas le proporcionaron esa energía? Al contrario, ¿cuáles fueron las pruebas más difíciles por las que ha tenido que pasar en su vida? ¿Qué lecciones ha obtenido de esos momentos tan difíciles?

Si este ejercicio puede parecerle largo y tedioso, sepa que es extremamente importante (lo hemos visto: debe convertirse en un requisito). Los líderes realmente influyentes siempre tienen un alto grado de conciencia de lo que son. Al igual que en la antigua Grecia, donde en la parte superior del oráculo de Delfos podía leerse "Conócete a ti mismo", hoy en día ese "yo" es algo muy complicado.

Para ayudarlo, le aconsejamos que sea consciente de que cuanto más trabaje en conocerse a sí mismo, más intensa será su historia y dejará un recuerdo positivo en quienes usted desea motivar de forma duradera.

Para tener un impacto sobre los demás, para conmoverlos y hacerlos más fuertes, usted debe conocer el origen de sus propias convicciones más fuertes.

Después de haber trazado el curso de su viaje, reflexione sobre las personas, las circunstancias y las decisiones que han participado en la construcción de su personalidad y de su visión del mundo. Tómese el tiempo necesario para que en su recuerdo recobren vida cada persona, cada momento y cada decisión, y ¡anótelo! ¿Qué le han enseñado esas personas, esos momentos y esas decisiones? ¿De qué forma cada uno de ellos ha aportado su grano de arena en la construcción de lo que hoy constituyen sus valores y su visión del mundo?

A modo de ejemplo, Tim Bilodeau, el fundador y CEO de Medicine for Humanity (a quien nos remitiremos con frecuencia en esta obra para ilustrar nuestro enfoque) realizó este ejercicio y opinó al respecto:

"De mi padre, quien era médico, aprendí la importancia de la generosidad y de la amplitud de espíritu. Muy joven, lo acompañaba en sus visitas a los suburbios pobres de Santiago. Fue allí donde pude apreciar que él sabía establecer una relación con todo tipo de personas [...]. Sus valores –estar siempre abierto a los demás, sin juzgar, saber tratar a todos de la misma manera, con respeto y humildad–, todo eso, sin duda, ha tenido una gran influencia en mi vida."[4]

Trabaje los puntos fuertes de su vida

Después de haber reflexionado sobre las influencias que han encaminado su vida, tome distancia y trate de identificar los puntos fuertes. En el caso de Tim Bilodeau, los puntos principales, sobre los que hablaremos más adelante, residían en tener un deseo muy intenso de "hacer algo especial", quería luchar contra la injusticia. El objetivo, lo hemos comprendido, es construir historias significativas basadas en experiencias personales que lo han llevado hasta hoy. Pregúntese: ¿por qué desea dirigir?, ¿cómo desea hacerlo? y ¿qué busca expresar?

Las respuestas a estas preguntas estarán determinadas por las situaciones más intensas de su pasado, por las creencias y los valores que ha aprendido a tener en cuenta. Debe estar convencido de que no es por casualidad que actualmente se encuentra en la situación que ahora está y que es la de dirigir a las personas. Para ser más eficaz, simplemente es importante que comprenda que usted, desde su infancia, desde que pasó por aquel momento tan peculiar, ha decidido "levantarse" para dirigir. Por ejemplo, en el caso de Tim Bilodeau vemos de dónde nace su necesidad de luchar contra la injusticia, y cómo encontró una salida al crear una organización cuyo objetivo precisamente fuera la lucha contra la injusticia presente en un mundo donde los niños mueren porque les es imposible obtener medicamentos.

Si se encuentra bloqueado en su proceso de reflexión, no dude en hacer una pausa, pero cuando regrese al ejercicio es importante que vuelva a plantearse esas preguntas.

---

4. Sadowsky, J.: Conversación personal con Tim Bilodeau, Boston, 2003.

Como hemos dicho antes, "no abandone". ¿Cuáles son los valores con los que está viviendo? o ¿cómo y cuándo dichos valores se convirtieron en importantes para usted? ¿Cuáles son y cómo los ha vivido, las personas, los momentos y decisiones claves que le han pasado o le están pasando? De cada persona, momento o decisión, ¿qué ha sacado en claro, cómo han influido esas lecciones en lo que es usted hoy y su visión del mundo? Por ejemplo, cuando hemos empezado este ejercicio con Tim Bilodeau, si el sentimiento de rebeldía contra la injusticia hubiera aparecido de forma fácil y rápida, habría sido necesario repetir este ejercicio varias veces para identificar cuándo y cómo esos sentimientos se habían cristalizado en él, y llegar a comprender que ellos vienen de más atrás, de cuando fue prisionero en Grecia durante la dictadura militar.

No es preciso esperar revelaciones extraordinarias de este ejercicio. Los grandes líderes no necesariamente son personas con vidas fuera de lo común o con sensacionales experiencias pasadas. Lo que los distingue es la manera en que aprendieron a reflexionar y a utilizar las lecciones que les ha dado la vida. Por ejemplo, si bien todos durante el transcurso de sus vidas han tenido experiencias con la injusticia, no existen muchas personas que hayan procesado esas experiencias como lo hizo Tim Bilodeau, quien cambió su destino y lo llevó a crear la organización Medicines for Humanity. De la misma manera, la infancia de Martin Luther King no tiene nada de espectacular, ya que millones de niños han vivido la discriminación y el racismo. Lo excepcional en el caso de King es el impacto que esa experiencia tuvo en lo más profundo de su ser.

Todos vivimos y vamos aprendiendo. Vivimos, aprendemos y encaramos todas las experiencias significativas que nos encontramos en cada etapa de nuestra vida. Todos tenemos nuestros puntos de vista sobre el mundo (ideas, opiniones, valores e hipótesis sobre cómo funciona el mundo). También tenemos creencias fundamentales. Sin embargo, a pesar de eso, la mayoría de las personas no son capaces de identificar de forma consciente dichos puntos de vista e incluso les es más difícil todavía relacionarlas con sus orígenes e identificarlas. Los líderes que tienen éxito pueden hacerlo y... ¡lo hacen! Así, gracias a su capacidad para realizar ese trabajo interior, Tim Bilodeau fue capaz de identificar y sentir con mucha intensidad los aspectos más destacados de su vida, comprender cuáles eran los orígenes de sus valores y darse cuenta del impacto con el que esos puntos de vista tan especiales pudieron motivarlo y le sirvieron como base para construir su carrera profesional.

El líder eficaz tiene una profunda y justa convicción de que se debe a sus orígenes: las personas, las circunstancias y las decisiones que contribuyeron a hacer de él lo que es.

Los líderes reflexionan conscientemente sobre sus experiencias, las analizan y sacan conclusiones. Ellos actualizan y aclaran sus puntos de vista permanentemente a medida que adquieren nuevos conocimientos y viven nuevas experiencias. Luego integran estos factores en forma de historias que pueden utilizar como guía en sus propias decisiones y acciones, y para inspirar y liderar a los demás.

Los líderes eficaces desarrollan los puntos de vista que pueden enseñar y ellos constituyen las plataformas a partir de las cuales pueden inspirar y transformar de forma permanente a los demás.

Del camino recorrido durante su viaje interior y de los diferentes temas destacados más adelante, tome notas sobre la razón explícita de quién es y qué representa. Después reúna esas notas y haga un resumen de unas páginas en las que mencione los hechos y las lecciones más importantes de su "viaje". Este documento le servirá de punto de partida.

Saber comunicarse en múltiples contextos

Los líderes eficaces se comunican constantemente y de forma proactiva: identifican y expresan los principios, los valores y los ideales que desean lograr. Después, integran los resultados completamente a su persona y siempre los comunican en cualquier contexto. Los líderes eficaces pueden adaptar sus mensajes a múltiples situaciones (ver Capítulo 11).

Aprender a hacer discursos en diferentes contextos no significa transformar lo que quiere decir en un discurso demasiado sencillo; se refiere más a ayudarlo a que su mensaje se transmita de manera más eficaz. El objetivo es que se sienta cómodo para contar las historias sobre su "yo", por qué usted está ahí y qué representa en las diferentes situaciones en las que se encuentre ante quienes conduce.

Las historias que los líderes más eficaces cuentan son convincentes porque están basadas en una experiencia personal y sobre una reflexión de dicha experiencia. Como hemos visto antes, la primera regla que debe ser respetada para tener éxito es la buena realización del viaje interior. Esta regla exige un examen de las lecciones del pasado para encontrar su "voz interior" y hacer más precisos los objetivos y los mensajes de su liderazgo. Solo entonces será posible trabajar sobre la comunicación de dichos mensajes.

Como los líderes eficaces, de alguna manera, hablan desde adentro hacia afuera, usted debe personalizar su historia y aprender a contarla con autenticidad y emoción. ¡No tenga miedo a hablar desde el corazón! La autenticidad y la emoción son "la llave" que le permitirá acceder a los corazones de los demás, son la base para convencer e inspirar. Aun si después le proponen trabajar con los puntos más técnicos como la locución, el ritmo o el *timing*, al principio lo más importante es saber de dónde surge su pasión antes que las características de un determinado público.

Si sabe compartir su pasión, sabrá cómo brindarle su emoción al auditorio; quienes lo escuchen sentirán la misma pasión e idéntica emoción. Si solo permanece en el nivel intelectual, no ocurrirá nada importante en usted, en lo que diga ni en las personas a quienes se dirige.

Expanda su historia en su empresa

Después de haber trabajado en sus historias personales –basadas en las lecciones de su vida y sus valores–, deberá transmitir esas historias a su empresa. Si tiene éxito como líder, la gente que lo rodea compartirá sus puntos de vista más firmes y sus creencias más fuertes. Las personas a las que se dirige querrán imitarlo. Por lo tanto, de la extrapolación de las historias de su "yo" y de "lo que usted representa" nacen las narraciones que se convertirán en las directrices de su empresa. Estas directrices serán historias simbólicas que definirán quién es usted, qué piensa, cómo quiere actuar y cómo se integra en la misión y los valores de la empresa.

Entonces el trabajo consistirá en definir sus propias metas de liderazgo. ¿Quiénes son las personas que dirige? ¿Cuál es el grupo al que querría inspirar? ¿Cómo le gustaría transformar ese grupo? Debe definir las diferentes posibilidades; por ejemplo, su futuro ideal. Para ayudarlo, podría imaginarse lo que este grupo debería sentir en seis meses o un año.

Compartir y dar a todos la oportunidad de participar en esta historia

Para tener éxito, no es suficiente contar con su propia visión y sus propias metas para su negocio, también debe aprender a incluir a los demás como colaboradores, como co-creadores y como actores de una historia que no puede tener sentido si no es compartida.

Para ello, debe utilizar sus metas de liderazgo y sus imágenes: no solo cuál es su visión de la empresa o del equipo sino también militar a favor del cambio. Este llamamiento al cambio es fundamental.

El liderazgo siempre se refiere al cambio, a la capacidad de hacer que las personas dejen su "zona de comodidad" y llevarlas con usted hacia un futuro emocionante.

Sus historias de liderazgo deben describir una imagen brillante de un futuro donde la gente a la que dirige le gustaría ir. Es necesario darles un sentido, unas aspiraciones compartidas, una búsqueda común, un sentido de pertenencia a algo más grande y más noble que lo que podrían lograr por sí solos. Luego se los hará entrar en la historia como participantes auténticos y se los incluirá para que construyan el futuro y el sueño con usted. Deberá conseguir inspirarlos, para hacerlos más fuertes y, a partir de ahí, crear con ellos sus propias historias.

Este proceso es largo y difícil. De su parte implica dedicarle mucho tiempo a escuchar, a buscar y a comprender a quienes lo rodean.

Encarnar la historia

Sus acciones deberán ser coherentes con la historia que cuenta. Si usted no vive la vida que cuenta, si sus acciones no reflejan sus palabras, si no actúa con el ejemplo, su historia no se percibirá como auténtica y sus esfuerzos de liderazgo fracasarán.

Formular su historia de liderazgo en la vida y vivirla realmente es un trabajo de todos los días.

Cuando Margaret Thatcher se convirtió en primera ministra en 1979, había una especie de acuerdo tácito que decía que en Inglaterra, desde la guerra, los británicos regularían el mercado. La historia de Thatcher fue extraordinariamente sencilla y poderosa. Inglaterra simplemente había perdido de vista su propia historia; la regulación del mercado era algo insostenible. La historia que ella contó con gran habilidad –debe reconocerse, nos guste o no Margaret Thatcher– era el regreso a la iniciativa individual, al liberalismo, a una Gran Bretaña fuerte y orgullosa. Su historia, explica Howard Gardner, psicólogo y profesor en Harvard, fue tan eficaz porque ella se presentó como el símbolo del cambio que proponía para su país. Hija de un tendero, era la encarnación de una persona directa, franca, a la que nada se le podía resistir. Si bien todas las teorías económicas no habían logrado hasta entonces convencer a su país, su historia y su perfecta encarnación de esa misma historia transformó el modo en que sus compatriotas veían el mundo y su nación.

Si bien nos encontramos con numerosos líderes en situaciones "excepcionales" (Gandhi, Steve Jobs, Phil Knight, Jack Welch, Louis Gerstner), también existen muchos ejemplos de liderazgo en situaciones mucho más "clásicas".

Tanto si dirige un **start-up,** *como un servicio financiero de cinco personas o un equipo de fútbol, un partido político, un grupo de voluntarios u otra organización las lecciones son las mismas: ¡usted tiene una historia que dar a conocer y una obligación de encarnar dicha historia!*

Dado que los líderes se comunican eficazmente en todos los contextos, usted tiene que trabajar su historia del "yo" y del "por qué está ahí"–ya sea como individuo o como empresa u organización. En cualquier contexto se debe hacer la misma narración. Debe aprender a contar sus historias en forma de módulos que se puedan resumir o desarrollar de acuerdo con las diferentes situaciones. Las buenas historias son claras, directas y sencillas. Deben poder encajarse entre sí, estar desarrolladas para las ocasiones más formales o tener el formato más corto para situaciones más básicas, lo que Boje denomina "*terse tellings*".[5]

En resumen

Para hacer la labor de la introspección, el trabajo sobre su pasado, con el fin de escribir la trama de su historia, usted debe ser capaz de ir tan lejos como le sea posible para comprender qué es lo importante para usted, cuáles son sus valores, y a partir de qué experiencias de su vida se construyeron dichos valores.

Sus referencias

- Para expresarse como líder, primero tiene que conocerse a sí mismo. Uno tiene hacer el viaje interior para descubrir quién es, antes de poder hacer un auténtico "viaje exterior" hacia los demás.
- Este aprendizaje y autodescubrimiento es un viaje que se prolonga durante toda la vida. Esta capacidad de emprender este viaje y continuar durante toda la vida es lo que caracteriza a los líderes de éxito.

---

5. Boje, D. M.: "The *Storytelling* Organization: A Study of Story Performance in an Office Supply Firm". *Administrative Science Quarterly*, 36 (1), 106-126, 1991.

CAPÍTULO 6

REGLA Nº 2.
CREE UNA HISTORIA AUTÉNTICA

Las historias de identidad son requisitos esenciales para inspirar, porque son las que van a construir su credibilidad. Para cambiar el comportamiento de su equipo, las historias que cuente y los valores que transmita deben estar íntimamente ligados.

Utilice su pasado

Margaret Thatcher, como hemos visto, no ha dudado en presentarse a sí misma como el agente de cambio necesario para Gran Bretaña. Sus valores personales reflejan, punto por punto, los principios que había abrazado para poner en condiciones de funcionamiento a una nación "perdida". Thatcher estaba convencida de que las virtudes de la autoconfianza y la iniciativa que había heredado de su padre eran los remedios que habrían de reactivar al Reino Unido. Howard Gardner, psicólogo y profesor de Harvard, escribió: "Como nadie había hecho desde Churchill, Margaret Thatcher encarnaba la misma confianza en sí misma que la que pedía a los desmoralizados ciudadanos británicos. Estaba dispuesta a hacer frente a los demás y a satisfacer sus propios criterios de exigencia".[1] Por ejemplo, después de haber convencido a los británicos de votar por un cambio de dirección en el gobierno, fortaleció el vínculo entre su historia personal y su idea de una nueva Gran Bretaña. "Lo que me interesó apasionadamente es lo que aprendí en una pequeña ciudad, en una casa muy modesta, y creo que exactamente eso fue lo que me ha hecho ganar las elecciones", explicaba Margaret Thatcher.[2]

Se ha demostrado que la historia de un individuo puede realmente cambiar la historia de un grupo, y en algunos casos... la Historia.

Martin Luther King Jr. también ha utilizado su historia para inspirar a generaciones de afroamericanos y transformar así historias de individuos que antes podrían haber dicho: "Yo estaba oprimido", en individuos que luego pudieron afirmar: "*I have a dream*". Su sueño era una historia. King utilizó la técnica de la narración para repetir continuamente: "*I have a dream*", exactamente igual que un estribillo en un coro. Su uso de la metáfora estaba lleno de significado y era lo suficientemente memorizable como para permanecer durante mucho tiempo después de su muerte. King fue eficaz en la transformación de la historia del grupo, porque sus historias personales eran creíbles y, al mismo tiempo, coherentes con la conducta que propugnaba.

Howard Gardner, en un fascinante análisis de la conducta y estilo de King como líder, ha insistido en que el famoso tema de King –"*I have a dream*"– era particularmente poderoso porque estaba enraizado en su experiencia personal

---

1. Gardner, H.; Laskin, E.: *Leading Minds: An Anatomy of Leadership*. BasicBooks, New York, NY, 1995.
2. Little, G.: *Strong Leadership: Thatcher, Reagan and an Eminent Person*. Oxford University Press, Melbourne, New York, 1988.

(como el "*Yes we can*" de Obama). Cuando King hablaba de las cuestiones que estaban en el centro de las preocupaciones de su público –la discriminación, la violencia, la iglesia, la pobreza, etc.– lo hacía con imágenes provenientes de su pasado. Sus propias historias de identidad eran los pilares de sus discursos.[3]

Tim Bilodeau, fundador y CEO de Medicines for Humanity, como hemos visto, ha aprendido a servirse de su pasado para comprender cuáles fueron los motivos que lo hicieron actuar y, a partir de ahí, lograr que sus equipos lo siguieran. Sus valores personales –el deseo de luchar contra la injusticia, de "hacer algo especial", en lugar de realizar un trabajo relativamente insignificante, su búsqueda continua de significado– lo han presionado constantemente para encontrar un propósito más profundo.

Recurra a la pasión y a imágenes fuertes

Dado que las historias son la mejor herramienta para expresar su "voz", usted debe saber que las historias son la entrada a la memoria y la clave de la persuasión. Para influir en los demás, debe aprender a contar su historia de forma sencilla y apasionada. Observe los ejemplos provenientes del mundo de los negocios, del deporte, de la historia o incluso de la política, y se convencerá de que un individuo puede efectivamente utilizar una historia, tal como lo hizo Martin Luther King, para cambiar la historia de otros.

Transformar un grupo –ya sea una nación, personas, una gran empresa o un pequeño equipo de trabajo– significa transformar sus historias. Estas pueden referirse al pasado (por ejemplo, las historias de su "yo" y "lo que usted representa"), al presente (historias de identidad colectiva)

---

3. Gardner, H.; Laskin, E.: *op. cit.*

o al futuro (que muestran otras posibilidades). Sin embargo, el principio de su narración siempre debe ser el mismo: debe dejar en el espíritu de las personas a las que se dirige imágenes claras y vivas –imágenes que animen al interlocutor a abrazar ideas similares a las suyas y a crear historias parecidas. Annette Simmons, profesora y consultora, explica: "Si quiere influir en lo que la gente vaya a retener, cuente su historia de manera que deje una imagen tan clara como la niña del vestido rojo de *La lista de Schindler*, los ojos grandes abiertos de *La naranja mecánica*, o del *E.T.* cuando intenta llamar a su casa".[4] Una historia bien narrada, explica Peg Neuhauser, especialista en comunicación y en cultura corporativa, perdura en nosotros durante mucho tiempo; mientras que los hechos y las cifras, por el contrario, acaban desvaneciéndose. Lo cierto es que la historia se repetirá con más frecuencia que cualquier informe estadístico.[5]

Cuando Tim Bilodeau cuenta la historia de la muerte de Collie, su mejor amigo, a la edad de 21 años, y el impacto que esta tragedia tuvo en su vida, quedamos atrapados por esta historia y durante mucho tiempo recordamos las imágenes y las descripciones que utilizó (vea más detalles en la pág. 81).

Defina el futuro antes que la historia

Para transmitir sus sueños a quienes trabajan a su lado, los grandes líderes no temen soñar y utilizar las historias que describan un futuro deseable. Cuando conversamos con los líderes o cuando leemos las historias de sus comienzos, entendemos que a menudo visualizan el futuro mucho antes

---

4. Simmons, A.: *The Story Factor: Secrets of Influence from the Art of Storytelling.* Perseus Pub, Cambridge, Mass., 2001.
5. Neuhauser, P.: *Corporate Legends and Lore: The Power of Storytelling as a Management Tool.* McGraw-Hill, New York, 1993.

de que sus historias se transformen en ese tipo de visión. Howard Schultz, fundador y CEO de la cadena estadounidense de café Starbucks, cuenta una historia que se remonta a unos días antes de la creación de la empresa. "No habíamos finalizado todavía con todos los detalles del lanzamiento [...]. Todos juntos recorrimos las concurridas calles de Chicago para identificar los mejores sitios, y entonces le dije a Jack [su colaborador]: 'En cinco años, cada una de estas personas caminarán sosteniendo en la mano una taza de Starbucks'. Él me miró y respondió sonriendo: '¡Estás loco!'. Sin embargo, eso era lo que yo me había imaginado."[6]

Adapte su historia a cada contexto

El objetivo ahora es que usted encuentre su propia "voz". Una buena prueba, según lo propuso Annette Simmons, es descubrir cuántas historias puede desarrollar que incluyan sus valores. Es necesario tener tantas historias como sea necesario si se quiere influenciar los valores de aquellos con quienes trabaja y tener éxito en la modificación de sus comportamientos.[7]

En cada contexto, es importante que consiga adaptar su propia historia, y que ella le sirva para expresar con sencillez y pasión sus puntos de vista, sus valores y su visión.

Los contextos que le proponemos para esta práctica son múltiples:

-   Contarle a un viejo amigo qué ha sido lo más emocionante de su jornada laboral y hacerle compartir sus valores.
-   Establecer un nuevo contacto en un evento.

6. Schultz, H.; Yang. D. J.: *Pour Your Heart Into It: How Starbucks Built a Company One Cup at a Time*. Hyperion, New York, NY, 1997.
7. Simmons, A.: *op. cit.*

- En una reunión de antiguos alumnos: ¿qué les cuenta a sus viejos compañeros de la universidad sobre su trabajo y de qué forma lo expresa?
- Convencer a los inversores en el ámbito de una conferencia.
- Hacer un discurso sobre liderazgo a un grupo de estudiantes de MBA (*Masters of Business Administration*).
- Hacer un discurso sobre "hacia dónde vamos" en su empresa o en un grupo de trabajo.
- Explicar su visión de futuro en una fiesta con los empleados, durante un café, una comida o un aperitivo.
- Relatar "quién es usted" en "situaciones de aprendizaje" a personas de todas las comunidades.
- Vender con éxito su último producto a nuevos clientes.

En una escalera mecánica o en un ascensor, ¡debe poder explicarle en dos minutos a alguien a quien no conozca qué hace y en qué consiste su trabajo!

"Esta dinámica de cambio consiste en conseguir que alguien que se encuentra en el punto A, al inicio de su explicación, se traslade al punto B, lo que es su objetivo. Es lo que suele llamarse persuasión", explica Jerry Weissman.[8] Dicha persuasión solo es posible si su visión, lo que usted representa y sus valores fundamentales son coherentes con independencia de cuáles sean las circunstancias.

Utilice constantemente la narración para desarrollar la cultura corporativa

Una de las dificultades que vemos con frecuencia es que, una vez adquirido el poder de relatar historias, el líder no

---

8. Weissman, J.: *op. cit.*

sabe aprovechar las múltiples oportunidades que se le presentan para utilizar esta técnica en su vida profesional. Sin embargo, es fundamental para establecer una cultura de empresa la constante repetición de las historias. Jack Welch, presentado a menudo como una persona intransigente en cuanto a las cifras y los resultados, siempre ha utilizado las historias para inspirar y dar forma a la cultura de General Electric (GE). Christopher Bartlett, profesor en la Harvard Business School, quien ha trabajado con Welch, dijo que el antiguo director de GE consideraba que sus orígenes irlandeses, con su tradición de contar historias, representaban una cualidad muy valiosa para su carrera.[9]

En sus propias explicaciones, Welch ha descripto el papel crucial que la narrativa ha desempeñado en la modificación de la cultura corporativa. En sus primeros días como CEO, en lugar de dar instrucciones sobre los valores que quería transmitir en GE, contaba historias referentes a dichos valores. Por ejemplo, mientras trabajaba para inculcar mayor sinceridad en su empresa –para que las personas tuvieran algo más que la "simpatía superficial" de cada día y enseñarles a "enfrentar la realidad"–, Jack Welch se valió de historias de los éxitos que había obtenido en sus inicios en diferentes sectores para transmitir estos conceptos y motivar a los empleados de GE. Como explica en su autobiografía, la narración ha sido una herramienta de liderazgo tan efectiva que continuó utilizándola siempre (unos veinte años) y ella le permitió llegar al frente de GE.[10]

---

9. Cohen, D.; Prusak, L.: *In Good Company: How Social Capital Makes Organizations Work*. Harvard Business School Press, Boston, 2001.
10. Welch, J.; Byrne, J. A.: *Jack: Straight From the Gut*. Warner Business Books, New York, NY, 2001.

CAPÍTULO 7

REGLA N° 3.
INVOLUCRE A QUIENES TRABAJAN CON USTED

La narración, como herramienta para dirigir a un grupo y construir una cultura de empresa, requiere un trabajo continuo y una atención exhaustiva en todos los detalles.

Como líder, su historia personal de identidad debe incluir a los miembros de su equipo y proyectarlos en un futuro deseable. Por el bien de su historia, debe permitir que quienes trabajan a su lado se identifiquen con ella.

De la misma manera que Gandhi, quien recorrió la India para comprender quiénes eran los hombres y las mujeres de su país, usted debe ser capaz de escuchar con atención para tener éxito. Sin escuchar, nunca podría saber qué tiene sentido o qué no lo tiene para las personas que quiere entrenar. Si –como Carlos Ghosn, quien todas las mañanas en Nissan, ayudado por un intérprete dedica mucho tiempo a conversar con los empleados– usted sabe escuchar a las personas que dirige, entonces estará en mejores condiciones de encontrar la "voz" que le permita expresar un sueño en común.

En sus historias referidas a un futuro colectivo, el líder debe hacer coincidir las necesidades de las personas con el objetivo. Debe brindar a cada uno la seguridad de un destino compartido. Allí es donde se encuentra la base de la cohesión de un grupo. Sin embargo, el destino compartido y la cohesión de un grupo no son suficientes; hace falta llevarlos a escena como actores, y no solo como espectadores.

Entonces, ¿dónde encuentran los individuos el sentido y el objetivo? Para el filósofo y moralista Alasdair MacIntyre, los hombres crean sentido al responder a la pregunta: "¿En qué historias puedo yo tener un papel?".[1] Son las historias en las que los individuos tienen un rol que cumplir, las historias que ellos mismos pueden contar cada día, y las que darán sentido a su trabajo y a su vida.

Los individuos encuentran un sentido cuando ellos forman parte de una historia que vale la pena. Su historia también debe provocar historias en el espíritu de quienes lo escuchan.

La historia más importante no es la suya, sino la que se crea en el espíritu de quienes lo escuchan.

Al igual que los líderes eficaces, usted debe utilizar la narración para llamar a quienes quieran seguir el sueño, el sentido y el objetivo de su trabajo. Sus historias deben invitar a todos a participar, a crear y a vivir sus propias historias, y así participar en la creación común de una cultura y de una identidad de grupo. Es la clave de las empresas que tienen éxito.

Por lo tanto, usted puede inspirar a sus colaboradores mediante una visión positiva del futuro de la empresa. Puede acompañarlos en un proceso de narración que va a inspirar a la empresa entera. Por más apasionado que usted

---

1. MacIntyre, A. C.: *After Virtue: A Study in Moral Theory.* University of Notre Dame Press, Notre Dame, Ind., 1984.

sea, solo no podrá comunicar su mensaje a todos. Las historias, para ser plenamente eficaces, deben transmitirse de persona a persona.

Para tener éxito, utilice la forma natural de divulgar las historias; es decir, los fenómenos de repetición y de autopromoción.

A medida que aumenta la cantidad de personas que se sientan orgullosas de tener historias y de apropiarse de la dinámica de la narración, la visión, los valores y los sueños de la empresa serán cada vez más concretos.

Sus referencias

- Describa cada cosa como si fuera un compromiso compartido.
- Defina un futuro atractivo que estimule la imaginación.
- Lleve a todos hacia un objetivo más alto.
- En una historia representativa, dé un papel a cada uno, e incítelos a actuar.
- Mantenga un sentido de ritualidad y promueva las ocasiones de encuentros formales e informales.
- Anime a la gente de su equipo a que sean narradores activos.

Describa cada cosa como un compromiso compartido

Son las historias de identidad colectiva las que estimulan a las personas que hacen las empresas. Por ejemplo, en Nike comparten la historia de *"just do it"*. En lo interno, es mucho más que un eslogan de marketing, es un símbolo de lo que los empleados de la compañía intentan cumplir. En Nike las personas consideran que se mueven rápido, con fuerzas rebeldes que, al contrario que sus competidores, no se dejan afectar por la burocracia y los obstáculos. Esta historia de identidad engendra una cultura que motiva a todos a reaccionar y decidir más rápido que sus rivales. Las historias de identidad colectiva son tan importantes en Nike que la integración de los nuevos empleados comienza por una "inmersión" completa a lo largo de dos jornadas en la historia de la empresa. Durante esos días, los veteranos de la empresa les cuentan la herencia de innovación de Nike y los más antiguos relatan historias que simbolizan la metodología de la organización.[2]

Southwest Airlines –la compañía aérea conocida como la más rentable del mundo a principios de los años 2000– cuenta con muchas historias similares a las de Nike sobre el comportamiento esperado de los empleados. Herb Kelleher, cofundador de Southwest, cuando era presidente animaba a los empleados a que actuaran con audacia e independencia para que conocieran las historias colectivas sobre el "quiénes somos" de sus líderes. Kelleher contaba incesantemente sus historias de identidad colectiva. Un día, un analista financiero le preguntó si tenía miedo de perder el control de la organización, a lo que él respondió: "Jamás la controlé, y jamás quise hacerlo". Si usted crea un entorno donde las personas realmente participan, no habrá necesidad de ejercer control alguno. Cada uno sabe lo que debe hacer, y lo hace. Cuanto menos jerarquía y control ejerza sobre los diferentes mecanismos, más proclives estarán las personas de consagrarse a favor de su causa sin ningún problema. "La libertad, la simplicidad y la interacción de las personas que disfrutan, permiten que puedan actuar mejor en interés de la compañía."[3]

Kelleher ha citado varias anécdotas que han forjado la identidad y la cultura colectiva de Southwest. Por ejemplo,

---

2. Sacharin, K.: *Attention! How to Interrupt, Yell, Whisper, and Touch Consumers.* Wiley, New York, 2001.
3. Kelleher, H.: "A Culture of Commitment", 1997, http://drucker.org/leaderbooks/121/spring97/kelleher.html.

contaba que cuando sus competidores empezaron a exigir millones de dólares al año por utilizar los sistemas de reserva de sus agencias de viajes, les dijo: "¡Olvídenlo! Vamos a desarrollar un sistema electrónico sin billetes para que las agencias de viaje no tengan que imprimir los billetes de Southwest. Así no seremos rehenes de los sistemas de distribución de nuestros competidores".[4]

Además de ser un claro ejemplo del "poder del *storytelling*", lo que es destacable de esta historia es que Keller se dio cuenta de que en diferentes departamentos ya habían comenzado a prever esa posibilidad y estaban trabajando en un sistema que, hasta entonces, ni Keller ni otro responsable de Southwest conocía.

En una empresa, la iniciativa es posible si cada uno está convencido de que el éxito de la empresa depende de él y no solo del CEO.

Defina un futuro atractivo que estimule la imaginación

Dado que usted trabaja con narraciones de historias que trazan un futuro –que por definición todavía no existe, excepto para usted–, todo debe realizarse de forma que para quienes usted dirige ese futuro sea lo más visible, concreto e interesante que sea posible.

La mejor manera de convencer a las personas para que se aventuren en un terreno desconocido –explican Noel Tichy, profesor de la Universidad de Michigan, y Eli Cohen, consultor y autor de numerosas obras– es convertirlo en un terreno familiar y deseable, y llevarlo primero a la imaginación de las personas.

---

4. *Ibid.*

Los líderes eficaces crean y utilizan las historias del futuro para ayudar a las personas a desprenderse de su presente familiar y aventurarse con audacia para co-crear un futuro deseable.

Los líderes eficaces describen el futuro en términos personales que atraen y ayudan a los otros a entender por qué y qué deben hacer para lograrlo.

Si los líderes no son capaces de hacerlo, no tendrán la fortaleza necesaria para lograr su objetivo.[5] En las historias de grandes líderes espirituales –Moisés, Jesús, Confucio, Mahoma, Buda–, según Mark Walton, consultor, formador y corresponsal de CNN, todos ellos prometen un futuro brillante y continúan hoy en día influenciando las creencias y los comportamientos de millones de personas.[6]

Paul Dolan, presidente de Fetzer, describe cómo creó una imagen y una historia de futuro inspiradoras, de las cuales la gente de su organización deseara apropiarse: una empresa que no solo tuvo éxito económico, sino que también es sostenible y socialmente responsable. Entonces, elaboró una narración sobre la sustentabilidad con el objetivo de convencerlos de que su trabajo no era solo una función, sino que formaba parte de un sistema mucho más grande. Su historia se asociaba a una historia de identidad –"nosotros somos personas especiales" con una historia de futuro–, una historia sobre "lo que se puede llegar a ser", la cual se expresaba en una sola frase: "El objetivo del personal de Fetzer es mejorar la calidad de vida".[7]

---

5. Tichy, N. M.; Cohen, E. B.: *The Leadership Engine: How Winning Companies Build Leaders at Every Level.* Harper Business, New York, 1997.
6. Walton, M. S.: *Generating Buy-in: Mastering the Language of Leadership.* American Management Association, New York, 2004.
7. Dolan, P.: *op. cit.*

Lleve a cada uno hacia un objetivo superior

En la empresa

Además de convencer a sus equipos de su carácter único y especial, los líderes eficaces describen el trabajo colectivo como una labor urgente, esencial y plena de sentido. Por lo tanto, usted debe encontrar historias que aporten un verdadero sentido al trabajo de cada uno y una visión de futuro que pueda ser compartida. Es decir, historias que puedan conducir a sus colaboradores y a sus empleados a adherirse a un conjunto de valores y a alcanzar nuevas cotas de rendimiento.

Las historias bien construidas crean un sentimiento de orgullo.

John Katzenbach, fundador y presidente del gabinete especializado en la estrategia de empresa, y ex director de McKinsey– define a esta fuerza de convicción como la más poderosa fuente de energía para "las empresas que están en la cima de su rendimiento".[8] Polly LaBarre, diplomada de Yale y autora de diferentes obras sobre la empresa, hace un resumen de estos argumentos: "Los individuos emocionalmente comprometidos […] se comportan de una manera que desafía la lógica y producen resultados superiores a las expectativas. Estos individuos van en pos de sueños imposibles, trabajan una cantidad increíble de horas y resuelven problemas sin solución".[9]

Hoy, al estar inmersos en los hechos y los datos, la mayoría de nosotros aspira a salir del razonamiento lógico solo para entender su finalidad. Los hombres y las mujeres que hacen las empresas necesitan una historia que explique el sentido de

---

8. Katzenbach, J. R.: *Why Pride Matters More Than Money: The Power of the World's Greatest Motivational Force.* Crown Business, New York, 2003.
9. LaBarre, P.: "Stuff of the Month". *Fast Company,* 72, 38, 2003.

su participación en ellas y que precise cuál es su rol en dicha historia. Steve Jobs, como hemos visto, utilizó la narración para responder a ese poderoso deseo de comprensión de las personas. "Para mí, Apple fue una oportunidad para responder a un deseo y contribuir a dar sentido a lo que hacíamos. Realmente creo que las personas desean dar algo más importante que el trabajo que puedan hacer cada día. [...] Esto forma parte de la satisfacción de la gente de Apple Computer, por haber podido dar algo más al mundo", explica Steve Jobs.[10]

Expresar un sueño común y presentir lo que cada uno puede dar es un elemento clave para el éxito de toda aventura humana. En un estudio dedicado a la expedición de Lewis y Clark, Jack Uldrich, consultor en estrategia y organizaciones, explicó que ese viaje, hecho en 1803 para recorrer el territorio en ese entonces desconocido de Louisiana, hasta el día de hoy es considerado una de las exploraciones más fascinantes y exitosas de la historia. Luego de años de penurias y obstáculos aparentemente insuperables, los miembros del equipo pudieron concentrarse en el trabajo gracias a los líderes, que fueron capaces de expresar una visión común con términos fuertes e inspiradores. Mientras que la mayor parte de los historiadores coincide en que los participantes han alcanzado logros asombrosos, el trabajo de Uldrich puso énfasis en lo que él considera el rasgo más importante de la expedición: su compromiso con un objetivo más elevado. Los líderes consiguieron convencer a los miembros del grupo de que ellos hacían historia, de que sus descubrimientos serían colosales y que sus esfuerzos cambiarían el mundo. La capacidad de Lewis y Clark para definir una visión y expresarla plenamente hizo que se convirtieran en líderes extraordinarios.[11]

Creemos que en la empresa existe un punto que también está presente en los grandes líderes e innovadores: la

---

10. Ray, M. L.; Myers, R.: *Creativity in Business*. Doubleday, Garden City, NY, 1986.
11. Uldrich, J.; Lewis, M.; Clark, W.: *Into the Unknown: Leadership Lessons from Lewis & Clark's Daring Westward Adventure*. Amacom, New York, 2004.

creencia de que la empresa es algo que va más allá de los meros beneficios.

Establecer un objetivo que tenga un sentido más trascendente, como hemos mencionado varias veces, es una promesa que puede inspirar y conducir al cambio a un grupo y permitirle alcanzar nuevas cotas de progreso.

En el deporte

En el mundo del deporte, encontramos ejemplos de equipos que al principio contaban con pocas posibilidades, pero que llegaron a ganar campeonatos importantes. Tomemos como ejemplo los partidos entre los Lakers de Los Ángeles y los Pistons de Detroit en la NBA, que tuvieron lugar en 2004. Cuando los Pistons, que disponían de menos jugadores con talento, vencieron fácilmente en cinco partidos a los súper favoritos, los Lakers, el mundo del deporte se estremeció de sorpresa. La leyenda del baloncesto, Oscar Robertson, uno de los pocos expertos que había predicho una victoria de los Pistons, declaró que el éxito del equipo se debía al entrenador Larry Brown, que desde su primer año había logrado elaborar y contar una historia diferente y hacer que el grupo se uniera a ella. Consiguió persuadir a los Pistons para que jugaran de una forma al mismo tiempo armoniosa y desinteresada en cuanto a sus metas individuales, pero con la ambición de tener resultados superiores a los soñados. Incluso obtuvo la adhesión a este sistema de Rasheed Wallace, un jugador famoso por ser incapaz de adaptarse a las reglas de equipo.[12]

Cuando Phil Jackson se convirtió en el entrenador de Michel Jordan y de los Chicago Bulls, en 1988, heredó un equipo que tenía los jugadores más espectaculares y con más talento de la liga, pero que sin embargo jamás habían

---

12. Robertson, O.: "An Old pro Likes the New NBA Spin of Pistons' Timeless Teamwork", *International Herald Tribune*, 13, 2004.

ganado un solo título. Uno de los objetivos de Jackson era ampliar el nivel de conciencia colectiva del equipo, y recordarles constantemente a los jugadores que formaban parte de una aventura colectiva que iba más allá del éxito, de la fama, del dinero y de sus egos.

En el ejército

El ejército también proporciona ejemplos. Incluso los líderes militares deben convencer a su tropa de ambicionar un objetivo colectivo. Las unidades son eficaces si sus miembros consideran que los objetivos comunes son más importantes que los deseos y las metas individuales. Para Michael Abrashoff, antiguo capitán de la fragata uss *Benfold*, "la única manera de fomentar tanta dedicación requiere la cohesión del grupo en torno a historias de identidad, convicciones compartidas y a un sentido profundo de la misión y el propósito".[13]

> *El trabajo del líder es hacer que las personas crezcan: transformar a los individuos centrados en sí mismos en individuos unidos entre sí por sus habilidades y su lealtad.*

"Cualquier líder, militar o civil, tiene una prioridad: la calidad personal de quienes están a su mando. Sin sus habilidades y sus estados de ánimo, los mejores planes, así como las mejores políticas, quedan reducidos a la nada", explica Michael Abrashoff.[14]

Al igual que Phil Jackson, Abrashoff se ha basado en la historia y en la simbología para transmitir sus mensajes de confianza, de trabajo en equipo y de alcanzar cada día un objetivo más grande.

---

13. Abrashoff, M.: "The People Who Win the Wars", *Fast Company*, 83, 40-43, 2003.
14. *Ibid.*

A pesar de que no todas las empresas o sectores tienen la oportunidad de ganar un campeonato como la NBA, de transformar una industria o de ganar una guerra, las historias que permiten que las personas se proyecten hacia un futuro que vaya más allá de su trabajo cotidiano constituyen una motivación formidable; es la fuerza que puede conducirlos a un rendimiento excepcional. Para Heike Bruch, profesor de liderazgo de la Universidad de Saint Gallen, y Sumantra Ghoshal, profesor de la London Business School, los equipos que tienen éxito comparten siempre el sentimiento de ser "matadores de dragones o príncipes triunfantes". Si no cuentan con ese sentimiento de vencedores, se cansan, pierden de vista los objetivos y acaban por ser derrotados.[15]

Esta voluntad de "matar" puede ser empujada al extremo. Es el caso de Oracle, donde su fundador, Larry Ellison, jamás ha dudado en seguir el precepto de Genghis Khan: "No es suficiente con tener el más grande de los éxitos, los demás (es decir, los competidores) deben morir".[16]

En una historia extraordinaria, dé un rol a cada uno y una inspiración para la acción

A través de sus historias, los líderes eficaces aumentan las posibilidades de la gente que trabaja con ellos. Para Peter Senge, profesor del MIT, una visión compartida no solo es una idea: es una fuerza de poder impresionante. La visión puede estar inspirada en una idea, pero una vez que esta es superada deja de ser una abstracción; las personas empiezan a considerarla como una realidad.[17]

---

15. Bruch, H.; Ghoshal, S.: *A Bias for Action: How Effective Managers Harness their Willpower, Achieve Results, and Stop Wasting Time.* Harvard Business School Press, Boston, Mass., 2004.
16. Pollack, A.: "Fast-Growth Oracle System Confronts First Down-turn". *New York Times*, 10 de septiembre de 1990.
17. Senge, P.: *op. cit.*

Como hemos explicado en una reciente conferencia en Washington,[18] una visión de este tipo, aunque compartida, continúa siendo una imagen fija. Para transformar un sueño en realidad, la visión y la perspectiva no son suficientes. Para que su historia de objetivos supere el trabajo cotidiano y sea una fuerza en el corazón de los miembros de sus equipos, usted debe hacer que sus actores sean clave en la historia que se desarrolla. Debe poder trabajar al mismo tiempo que escucha a quienes dirige su discurso en busca de la mejor forma de comunicarse con ellos.

Soñar juntos implica guiar, escuchar, incluir y crear una historia, un sueño y un sentido compartido con quienes trabajan en la empresa.

Una vez que la gente esté emocionalmente comprometida, la empresa se convierte en un teatro donde cada día se expone una obra maravillosa.

La creación de una historia funciona como una simbiosis: las historias que usted crea como líder, lo crearán a la vez a usted.

Sus referencias

- Debe construir y contar una historia sobre quién es usted –esa historia debe confundirse con la historia de la empresa.
- Los equipos –es decir, usted y quienes están a su cargo–, por el hecho de repetir la historia, se apropian de ella.
- A medida que la empresa va adquiriendo una participación activa en la apropiación y difusión de la historia, esta, al mismo tiempo, crea la empresa. La organización, que vive su historia de identidad, se eleva a nuevos niveles de rendimiento y de compromiso.

---

18. Sadowsky, J.: "Leadership Self-expression and Inspirational Storytelling: Coaching the CEO", *The Smithsonian Conference on Leadership and Storytelling*, Washington DC, abril de 2009.

Una nueva etapa puede comenzar ahora, que exige su participación en un escenario más ambicioso. Usted y su grupo se encontrarán embarcados en un mismo viaje continuo e insistente, donde cada nueva versión de la historia se llevará a cabo por sí sola.

La historia de un empresario: Tim Bilodeau

Fundador y presidente de Medicines for Humanity (MFH), Tim Bilodeau es un buen ejemplo de esta dinámica y de co-creación en perfecta simbiosis con una historia. MFH empezó cuando Tim dejó su trabajo hace varios años y convenció a un pequeño grupo de amigos y colaboradores para que fueran a trabajar con él y lo ayudaran a tratar un problema de fondo en el mundo: la mortalidad infantil en los países pobres. Fue en ese momento que lo conocimos. Rápidamente, lo animamos a encontrar, trabajar y contar sus historias de identidad utilizando el proceso antes descripto. Su viaje de introspección lo ayudó a descubrir, o a redescubrir, valores y principios más profundos que hicieron su historia más creíble e intensa. A medida que fue aprendiendo a hablar con emoción de sus convicciones íntimas, su conciencia y su confianza fueron aumentando. Esto le permitió trazar una historia más fuerte, y, a su vez, tomar más riegos y comprometiendo a otros en su búsqueda. De a poco, la historia de MFH ha llegado a ser realmente ambiciosa.

A continuación, un resumen de la historia de Tim.

En su juventud, Tim era un hombre que lograba todo lo que se proponía. Deportista, buen estudiante en el colegio y después en Harvard, estaba determinado a seguir los pasos de su padre. Él sabía lo que quería… Él quería tener éxito... Ser un gran abogado...

Criado en la fe católica, siempre fue practicante, y nunca se planteó ningún cuestionamiento.

Cuando estaba en el último año de sus estudios, su mundo, hasta entonces perfecto, se derrumbó. Aquel día, mientras Tim regresaba dispuesto a trabajar y preparar un caso, su padre lo estaba esperando. "Tengo una mala noticia para ti. Harías bien en sentarte", le dijo. Así fue como Tim se enteró de la muerte de su mejor amigo, Collie Gillis, en un accidente de tránsito. Era la primera vez que Tim se enfrentaba a la muerte de alguien próximo. Collie tenía 21 años, la misma edad que Tim.

Para tratar de ayudar a Tim, su padre, después de una larga pausa, añadió: "Sabes Tim, el mejor consejo que puedo darte para superar esto es que te hagas la promesa de que a lo largo de tu vida tratarás de hacer algo especial por Collie".

"Hacer algo especial", para Tim, se traducía en primer lugar en preguntas: ¿quería, en verdad, ser abogado? ¿Qué era realmente importante para él? ¿Cómo podría hacer algo especial? Para encontrar las respuestas, Tim empezó a dirigirse hacia su fe. ¡Sin mucho éxito!

Entonces decidió revisar de nuevo sus planes de carrera. Aceptó una beca de enseñanza en la Universidad de Atenas. Allí, el profesor Danny Danforth, especialista en antropología, le abrió un mundo sobre otras culturas, otras religiones y otros valores. Grecia, en aquel entonces, estaba bajo una dictadura y, lo que era más grave para Tim, ese régimen autoritario contaba con el apoyo del gobierno de los Estados Unidos.

"¿Cómo podían los Estados Unidos apoyar esa dictadura, cuando ellos mismos habían combatido por la democracia y contra la tiranía desde el principio de su historia?" Para Tim, esta toma de conciencia se traducía en una voluntad de hacer "algo"… No podía limitarse a observar. Ir en contra de esa forma de gobierno por todos los medios significaba arriesgar su propia vida. Cientos de griegos fueron torturados y asesinados durante los años de la dictadura, y Tim decidió arriesgarse y organizar una manifestación en contra del apoyo norteamericano a la dictadura. Ningún griego podría sobrevivir mucho tiempo si protestaba en público, sin embargo, un norteamericano sí podría hacerlo si la policía no lo hacía desaparecer antes que alguien denunciara su arresto. Durante el verano de 1973, Tim decidió informar a los periodistas sobre su decisión de organizar una manifestación frente a la Oficina Central de la dictadura; una manifestación contra el apoyo norteamericano y contra la junta de gobierno. En el transcurso de dicha manifestación, fue arrestado y llevado a la cárcel. Tim tuvo suerte: Tip O'Neill, influyente miembro del Congreso norteamericano y amigo íntimo de su padre, utilizó argumentos fuertes ante las autoridades para sacarlo de la cárcel. Pocos días más tarde Tim era expulsado de Grecia. Los estudiantes griegos que se manifestaron en el otoño de 1973 no tuvieron la misma posibilidad. Los tanques entraron en Atenas y abrieron fuego. Hubo decenas de muertos.

A pesar de que esto había sido un fracaso, a Tim le quedó la sensación de haber hecho algo. Una sed de justicia nació en él, o al menos había despertado.

Por esa época, mientras estaba de vacaciones en la playa de Nantasket Beach, Tim descubrió por casualidad en un diario la existencia de una organización que enviaba médicos y enfermeras para ayudar a los niños de Ecuador. El artículo explicaba que habían cambiado la vida de los niños gracias a simples operaciones para corregir deformaciones faciales.

Al día siguiente, Tim llamó a la oficina de Por Cristo y preguntó si podía inscribirse como voluntario y ayudar en la organización. Dos años más tarde, se convirtió en su director.

Durante los años siguientes, Tim se introdujo en el sector de la salud internacional, en la búsqueda del "mejor" programa para conseguir el máximo rendimiento humanitario por cada dólar gastado. En 1996, creó Medicines for Humanity. Su objetivo: salvar a los niños que, hasta ese momento, morían de enfermedades curables (diarrea, infecciones respiratorias agudas, malaria, rubéola y desnutrición).

Los miembros de su Consejo de Administración, inspirados por la historia personal de Tim y en respuesta a su llamado a la acción, expresaron un creciente deseo de unirse a la historia. Primero como observadores, después como participantes activos. La participación del Consejo de Administración, con nuevas ideas y promoviendo nuevas oportunidades, tuvo un impacto muy positivo en la historia de MFH. Esas historias de identidad creadas por Tim y por su Consejo de Administración dieron lugar a una nueva organización –una organización con sueños más grandes, una visión más amplia y un propósito más profundo. MFH pudo recaudar más fondos, financiar centros médicos y contratar muchos más empleados, y motivar más a las partes interesadas: empleados, miembros del Consejo de Administración, proveedores de servicios médicos y donantes.

En una reunión del Consejo de Administración, Tim pronunció un discurso sobre el estado de la organización basado en tres puntos: pasado, presente y futuro. Describió de dónde venía y hacia dónde podía ir. "Esto es lo que he visto: aquí es donde estamos y lo que hemos logrado hasta la fecha, y aquí es a donde debemos ir en los próximos años." A medida que Tim hablaba, su presencia y la fuerza de su mensaje se hacían tan intensos que llegaron a emocionar a la audiencia. Explicaba: "Desde el principio, mi motivación era que un día MFH podría tener un impacto más grande en el mundo de la actividad humanitaria. Hoy, hemos hecho muchas cosas. Mañana, con su ayuda y la de nuestros socios, podremos tener un impacto mayor sobre la mortalidad infantil y la atención médica que podamos brindar a los niños del mundo". Mientras Tim convencía a los miembros del Consejo de Administración de actuar a un nivel aún más alto que el de antes, fue sorprendente constatar que al mismo tiempo estaba lanzando un desafío a sí mismo, para concebir y relatar una historia todavía mucho más grande.

La capacidad de Tim para diseñar un sueño e invitar a participar como actores a los miembros del Consejo de Administración y a los demás colaboradores de su historia fue un elemento determinante del éxito de MFH. A medida que la gente de su entorno empezaba a verse dentro de la historia en vez de limitarse a escuchar la historia de Tim, la organización fue capaz de alzarse a nuevos niveles de logro.

Hoy en día, la historia de MFH refleja por un lado una realidad muy concreta, y por otro un sueño. Tim y MFH han creado un futuro en el que la organización tendrá realmente un papel significativo en la erradicación de la mortalidad infantil en el mundo. Como Tim ha expresado recientemente: "Nosotros debemos ser buenos para conseguir lo que debemos conseguir en nuestro futuro. El desafío que tenemos es crecer en nuestra nueva historia".[19]

La historia de un hombre político: Martin Luther King

Cuando leemos lo que escribe Howard Gardner sobre el liderazgo de Martin Luther King, comprendemos la fuerte relación que existe entre un narrador y su historia. Para Gardner, Luther King, según sus propias declaraciones, no ambicionaba ser un líder. Pero una historia creció a su alrededor y lo proyectó bruscamente en el papel de líder.[20]

Hábil orador que había encontrado una voz poderosa, la historia del "yo" de Luther King se construyó sobre dos pilares. Al mismo tiempo que él creaba su historia, la historia lo creaba a él. El biógrafo Taylor Branch analizó el histórico discurso de Luther King, durante el boicot de Montgomery, en diciembre de 1955, que lo reveló al mundo como una personalidad importante.

Como no había tenido tiempo para preparar su texto, Luther King decidió hablar de forma espontánea sobre sus convicciones más profundas.[21] Su audiencia parecía

---

19. Sadowsky, J.: Entrevista en el marco de su trabajo de *coaching* con Tim Bilodeau, Boston.
20. Gardner, H.; Laskin, E.: *op. cit.*
21. Branch, T.: *Parting the Waters: America in the King Years.* Simon & Schuster, New York, 1954-63, 1989.

apreciar la autenticidad de sus discursos; así, Martin Luther King ganó confianza en sí mismo y pudo además personalizar su mensaje, y lograr que sus discursos fueran aún más poderosos. "Era [así, sin hacerlo a propósito] a lo que los sacerdotes se referían cuando decían: 'Abre la boca y Dios hablará por ti'."[22] Dios pudo haber hablado por él o no, pero lo que es seguro es que Luther King encontró su voz interior que relataba la historia, y a su vez dejaba que la historia lo creara a él.

El célebre lema de Luther King "*I have a dream*", pronunciado durante la Marcha sobre Washington, el 28 de agosto de 1963, fue un acontecimiento fortuito, una casualidad retórica, un momento de inspiración oratoria que posteriormente se fusionaría con su historia básica de identidad. Solo al final de sus observaciones formales, comienza a desviarse del hilo natural de su discurso para encontrar su voz. Luther King dijo al mundo: "*I have a dream*". "El sueño estaba profundamente arraigado al sueño americano y fue extraído de la Biblia y de las palabras de los profetas. Por eso su mensaje fue tan poderoso."[23]

Para reforzar ese sueño "profundamente arraigado en el sueño americano", un sueño de inclusión, una historia que describe y ordena un futuro donde todos podrían vivir en armonía, Luther King fue capaz de animar a todas esas personas a que "soñaran" con él, para que entraran en la historia con él como actores de esa misma historia.

Su discurso sirve para ilustrar muchos principios básicos de la narración eficaz para un líder.

1. Está firmemente arraigado en su experiencia personal y es generalizado porque presenta una visión para todos.

---

22. Miroff, B.: *Icons of Democracy: American Leaders as Heroes, Aristocrats, Dissenters, and Democrats*. Basic Books, New York, NY, 1993.

23. Gardner, H.; Laskin, E.: *op. cit.*

2. No se trata del sueño individual de Luther King sino de un sueño colectivo, que incluye a los negros y a quienes no lo son, en un país donde todo el mundo podría vivir en armonía con respeto mutuo.
3. Su discurso es una llamada a la acción. Su historia les permitió a aquellos que eligieron seguirlo, reconocerse y convertirse en actores.
4. Para transformar la historia de las personas, Luther King recurrió a formas simbólicas para cambiar un discurso pasivo y negativo ("hemos sido oprimidos") por una declaración activa y positiva ("nuestro futuro puede ser diferente si tenemos la suficiente fuerza para soñar").
5. Logró ampliar la mirada de quienes no tardarían en unirse a él y, aún más, de todo un país.

Las historias lo harán líder, y usted, como líder, creará las historias.

Las historias crean empresas, mientras que las empresas crean historias.

En el liderazgo, la narración es una poderosa forma de co-creación entre usted, el líder, sus historias de identidad y quienes lo acompañan cotidianamente.

Hemos visto que los líderes eficaces ponen atención al elaborar sus historias; sabemos, además, que a su vez las historias eficaces contribuyen a la formación del líder.

Fomente las ocasiones de comunicación narrativa para mantener un sentido ritual en la organización

Para que las historias permanezcan vivas, deben ser contadas con frecuencia y estar constantemente actualizadas.

Dado que las empresas son dinámicas, las historias también deben serlo. Entonces debe recurrir a eventos formales o informarles –previstos o no– para crear las oportunidades de narrar.

> *"Las historias contadas una y otra vez en una organización sirven para definir sus principios, sus reglas y sus comportamientos, mucho mejor que una lista de normas, procedimientos o directrices."*[24]

Para David Armstrong, CEO de Armstrong International, las historias tienen una utilidad irremplazable para compartir y transmitir valores. "Para crear y compartir una cultura, un grito de guerra, un vínculo de inspiración, reúnase alrededor de la hoguera de la tribu y cuente sus historias. Cree rituales, transforme los héroes de sus historias en la leyenda de la empresa para que se transmita de generación en generación."[25]

Jim Kouzes y Barry Posner, profesores de liderazgo, mencionan el caso de Dreyer, un fabricante norteamericano de helados, como ejemplo de una empresa que supo crear, con entusiasmo, rituales para la narración de historias. En muchos foros, los directores fueron convocados para que fueran los campeones de valores compartidos mediante la narración de lo que la sociedad denominaba *"groove stories"*; es decir, historias y anécdotas ejemplares que expresaban las creencias y los principios fundamentales de la organización. En los comités de dirección, se seleccionaban al azar algunos de los miembros para que compartieran su "historia ejemplar favorita". Todos los que asistían a estas reuniones se preparaban para contar historias apasionadas. "Aunque teníamos comités ejecutivos constituidos por solo siete personas de los altos cargos, siempre comenzábamos

---

24. Simmons, A.: *op. cit.*
25. Armstrong, D. M.: *Managing by Storying Around.* Doubleday, New York, 1992.

con historias ejemplares. Se convirtió en un ritual. Era raro que una reunión no se iniciara con una historia ejemplar", explicaba el CEO Gary Rogers.[26]

Anime a los miembros de su equipo a que sean narradores activos

Para difundir de manera duradera la cultura de la empresa

Las historias más eficaces, una vez contadas, se transmiten por sí mismas. "El impacto de las historias es infinito. Ellas se repiten naturalmente y generan el apoyo de la gente de la empresa, durante días, años y hasta décadas", explica Mark Walton, consultor, formador y corresponsal de televisión.[27]

La propagación de las historias es tan esencial para la organización que cuando un líder u otro miembro del grupo cuenta una historia de identidad, lo importante no es lo que se cuenta, sino lo que se induce en la mente del oyente. Las historias de identidad de los líderes deben llevarlo a apropiarse de ellas y a contarlas; relatadas por él, se convertirán en nuevas historias. Las historias de una organización podrán entonces repetirse desde muchas perspectivas diferentes. Las nuevas historias, coherentes con los temas centrales de la estructura, su misión y sus valores, se crean a medida que los individuos participan en el proceso de co-creación y dan sus propias versiones personalizadas.

Hay varias razones, por lo tanto, que requieren la participación de los miembros de sus equipos en la actividad de

26. Kouzes, J. M.; Posner, B. Z.: *Credibility: How Leaders Gain and Lose It, Why People Demand It.* Jossey-Bass Publishers, San Francisco, 1993. Versión en castellano: *Credibilidad.* Ed. Granica, Buenos Aires, 1996.
27. Walton, M. S.: *op. cit.*

contar historias de la empresa. Si usted está solo o con un pequeño grupo que cuenta historias de identidad, estas serán percibidas –"desde dentro", por las personas que usted dirige, y por las personas externas a la empresa– como un mero instrumento de comunicación.[28]

Contar y propagar historias de una empresa es un trabajo muy importante, pero también muy difícil, ya sea que esté usted solo o rodeado de su equipo de dirección. Para que las historias de identidad, las de héroes y las que describen los valores fundamentales de la empresa circulen por el interior de esta, la compañía debe convertirse en el motor de la narración con la participación masiva de una gran mayoría. La organización de la narrativa debe ser polifónica y polisémica. No solo es usted quien debe contar historias; los empleados, proveedores, clientes y el medio exterior también contribuyen a la construcción de esta historia.[29]

La narración es más eficaz cuando los individuos construyen y cuentan sus propias historias personales, sus propias historias de identidad, y ellas son coherentes con las de la alta dirección. Cuando los individuos entran realmente en el proceso de intercambio activo de sus historias, las organizaciones construyen motores de narración poderosos y atraen a ejércitos de narradores para propagar y expandir la cultura continuamente. Por lo tanto, usted puede utilizar las historias, la energía y el dinamismo de sus seguidores para promover los valores, los objetivos y los ideales de su empresa.

Para obtener el compromiso pleno de los individuos

Annette Simmons describe con términos convincentes lo que podría denominarse la creación de un "motor de la narración" y cómo eso puede ser extremamente poderoso.

---

28. Neuhauser, P.: *op. cit.*, 1993.
29. Boje, D. M.: *op. cit.*

"La historia brinda a las personas el espacio suficiente para que piensen por sí mismas. Una historia se desarrolla y crece en la mente del oyente. Si se trata de una buena historia, se mantendrá viva por sí misma. Ella se repite o se reproduce de manera automática en la mente de los oyentes."[30] El motor de la narración se convierte en una fuerza que genera entusiasmo en el grupo, y permite que el líder aproveche la energía y el dinamismo de quienes trabajan con él.

Al contar una historia, usted debe asegurarse de que esta se convierta en la del oyente. Que las personas que participan en la historia se sientan autores y que el propio acto de contarla haga del oyente un actor.

Cuando Noël Tichy describe la transformación de General Electric realizada por Jack Welch, tenemos la intensa sensación de que una de las mayores fortalezas de Welch era su habilidad para abandonar el control, permitir que sus empleados cocrearan y modificaran la historia de GE. Jack Welch no quería que ellos siguieran sus órdenes, sino que se hicieran fuertes y crearan sus propias historias individuales, en consonancia con las bases de la historia de la compañía. Para desmantelar la burocracia de GE, Welch creó una nueva empresa; una empresa que ha permitido a sus empleados desarrollar sus propias historias y actuar sobre ellas. Welch no quiso tener el mismo grado de control sobre GE que sus predecesores. Sin embargo, su influencia ha sido excepcional porque pudo formar a cientos de líderes que se unieron a su historia de GE y que, a partir de ahí, crearon sus propias historias.[31]

La dinámica de la narración es eficaz porque proporciona espacio a las personas para pensar por sí mismas. A medida que su historia se convierta en las de ellas, se involucrarán

---

30. Simmons, A.: *op. cit.*
31. Tichy, N. M.; Cohen, E. B.: *op. cit.*

aún más.

Don Cohen, autor y consultor, y Larry Prusak, director del Instituto de Gestión del Conocimiento de IBM, destacan la relación tan especial que se crea entre el público y las historias, el profundo compromiso que se establece cuando un oyente entiende una historia y su posible papel en ella. El poder de la historia proviene de la forma en que los oyentes participan o hacen referencia a las historias, se identifican con el héroe, e interpretan la acción de acuerdo con su propia experiencia y con la situación en la que se encuentran.[32] A medida que un oyente recrea y adapta la historia de una empresa, la historia se convierte en una parte de su propia identidad. Cuando un grupo empieza a compartir y contar sus historias de identidad individuales que reflejan ejemplos y temas comunes, la cohesión del grupo aumenta de manera espectacular. Cuando las personas interpretan las historias y las adaptan a su propia realidad, las ideas, los comportamientos y los discursos colectivos e individuales están en armonía.

Una historia de identidad eficaz se abre camino en la conciencia colectiva de la organización mediante la producción de una visión unificada en la mente de los oyentes.

Cuando Tim Bilodeau, después del famoso Consejo de Administración en donde relató su historia y la de MFH, propuso en una reunión extraordinaria que los miembros del Consejo de Administración reflexionaran sobre sus experiencias pasadas y prepararan historias autobiográficas que explicaran las razones de su participación en MFH, se pudo observar que sus colaboradores, después de haber contado sus propias historias, participaban de una manera aún más

---

32. Cohen, D.; Prusak, L.: *op. cit.*

decisiva en MFH.

Tim ha sido capaz de establecer ambiciones más elevadas para el Consejo de Administración. También hizo una nueva historia que describía una nueva visión de la organización, donde los miembros activos del Consejo de Administración pudieran visitar aquellos lugares, convirtiéndose en portavoces de proyectos específicos. Cuando los miembros del Consejo de Administración entendieron el hilo de la nueva historia y el papel que podían desempeñar, empezaron a proponer sus propios proyectos y a soñar con crear una organización con un alcance y una dimensión mucho más amplios.

Si las personas comprenden la historia y el papel que ejercen en ella, la seguirán.

"Si están convencidos de que son los héroes de ese viaje, considerarán los obstáculos como si fueran desafíos y adoptarán comportamientos de héroes." [33]

Entonces, ellos serán quienes nos mostrarán el camino.

---

33. Simmons, A.: *op. cit.*

CAPÍTULO 8

REGLA N° 4.
SEA USTED MISMO

La narración obliga a respetar algunas reglas. En cada etapa del proceso, debe hacer pausas y comparar la retórica y la realidad. Cuando se concentre en la construcción y en la narración de sus historias, debe asegurarse de que usted, como líder, pueda vivir realmente esas historias.

Si sus historias no son auténticas, y no las puede encarnar y vivir plenamente, tal vez sea mejor no contarlas.

En Apple Computer durante los años 1980, Steve Jobs fue realmente creíble ya que la historia que contaba se reflejaba en sus propios valores y en su comportamiento. Jobs inspiró al equipo de Macintosh al contarles una historia que inspiraba y transformaba (como se ha visto en el Capítulo 2, sobre unos rebeldes que iban a salvar el mundo del ogro de IBM). En la vida real, él era exactamente como pedía que fuesen los demás en sus historias; un pirata, un rebelde, un hombre que a pesar de todo podría triunfar y cambiar el mundo.

Para mostrar el vínculo estrecho entre la historia de Steve Jobs y la que él quería para su empresa, Jobs solía contar lo que nosotros podríamos llamar su "combate por la legitimidad". Steve Jobs nació en una familia pobre y sus padres decidieron abandonarlo. Una familia muy rica se mostró interesada, pero lo que deseaban era tener una hija. Abrumados por los remordimientos, finalmente lo aceptaron con la condición de conocer los antecedentes de su familia biológica. Cuando se enteraron de que los padres de Steve Jobs jamás habían pasado por la universidad, rechazaron su adopción.

Como ya hemos dicho, para usted, como líder, la narración es un trabajo cotidiano y continuo. Cotidiano porque debe practicarlo, y continuo porque debe ser repetido constantemente.

Sus referencias

- Cultivar el arte de la influencia mediante la narración es un trabajo difícil.
- Practicar y explorar sin cesar nuevas pistas debe permitir que crezcan usted y sus historias.
- Repetir y practicar sus historias debe hacerle ganar en eficacia.

La narrativa, un trabajo difícil pero que vale la pena

Descubrir historias auténticas y aprender a contarlas requiere un esfuerzo considerable, mucha atención a los detalles, práctica y repetición.

Tim Bilodeau, que ha trabajado con empeño sobre el proceso de aprendizaje de la narración, finalmente encontró su voz natural e inspiradora alrededor de muchas de sus historias fundamentales. Para Tim, el camino para sentirse bien al contar sus historias ha sido largo y laborioso. Su perseverancia fue ejemplar: debía escribir y practicar, versión tras versión, durante varios meses. Al recordar su evolución normal, hemos podido comparar el tono vacilante de sus primeras presentaciones –datos insípidos "en desorden" mediante PowerPoint o historias sin emoción, contadas de manera monótona, con una voz no siempre segura que, además, hablaba en tercera persona– y la resonancia poderosa de hoy. Cualquiera sea el contexto, sus discursos ahora son mucho más auténticos. "Cuando hacía presentaciones, antes de dedicarme a trabajar en mi narración, no estaba seguro de la forma en que iba a comunicarme con mi audiencia para llamar su atención. Ahora sé que cuando empiezo a contar una historia, las personas a quienes me dirijo escucharán y se sentirán afectadas, emocionalmente involucradas", explica Bilodeau.[1]

Tim ha desarrollado lo que Joseph Kerner, presidente del departamento de inglés en el prestigioso liceo privado de Boston, Roxbury Latin School, un crítico de reputación difícil, denomina "el estilo de oración más natural que jamás haya escuchado". Este estilo natural proviene de su autenticidad, de la encarnación plena y total de su historia, pero también de horas de práctica y de repetición.

Practique y explore constantemente nuevas pistas

Gracias a una autoexploración continua, en busca de nuevas experiencias, en su propio cuestionamiento y en busca de su verdad en lo más profundo de su ser, mantendrá su vitalidad y su pasión. Así, desarrollará nuevas historias y revisará las más antiguas para inspirar a los demás. Entonces, usted debe aceptar la repetición constante de sus historias de identidad; al mismo tiempo que el frecuente regreso al viaje interior del descubrimiento de su "yo".

---

1. Sadowsky, U.: *op. cit.*

Por supuesto, debe entrenarse para contar sus historias habituales con perseverancia para perfeccionar sus discursos y mejorar su grado de comodidad con respecto a la audiencia. Sin embargo, existe otra razón, tal vez la más importante, que hace de la práctica algo esencial: la maestría que da el tiempo.

Al repetir y prepararse mejor, constatará que, en efecto, cada vez que cuenta una historia también usted, como narrador, recibirá el mensaje de nuevo. Aunque esto le parezca elemental, descubrir esta simple verdad es una de nuestras mejores experiencias de aprendizaje. Tim describe con elocuencia el efecto relacionado con la repetición de sus historias y la creciente emoción que produce. "Cuando reflexioné acerca de los acontecimientos de mi vida, en Collie, en Grecia [...], me di cuenta de que nunca había pensado en ese tipo de cosas. Por supuesto, ellas estaban ahí desde siempre [...] pero sin que yo les prestara atención verdaderamente. [...] Jamás las había sentido tan presentes y reales. Practicar, contar esas historias, pensar en todo eso una y otra vez, me ayudó a estar en contacto con lo que realmente era importante para mí y eso ha empezado a motivarme de manera extraordinaria."[2]

Usted será un comunicador eficaz porque será capaz de actualizar y completar sus historias mediante la repetición del proceso de exploración y de autocuestionamiento. La reflexión consciente y constante de sus experiencias (la actualización de su visión del mundo) debe ser una de las cualidades que le permitirán obtener aún mejores logros. De la práctica continua, del autoexamen, vendrá la claridad en sus creencias fundamentales, y con esa claridad vendrá la confianza para contar una historia nítida, sin detalles superfluos, centrada en el mensaje esencial.

Nosotros hemos sido testigos de este proceso. En esa época, Tim había empezado a escribir algunas historias ex-

---

2. Sadowsky, J.: *op. cit.*

tremamente conmovedoras a partir de su propia experiencia de vida, pero aún no estaba acostumbrado a integrar esas historias en sus discursos. La difusión de los diferentes mensajes era débil, por lo que entonces le aconsejamos que se entrenara con frecuencia y cuidadosamente (con alguien que pudiera escucharlo: familiares, amigos, vecinos) para aprender a retener la atención de otra persona durante al menos cinco minutos.

Después de algunas semanas de repetición, aumentó la capacidad de Tim Bilodeau para contar historias. De la mano de la práctica y la repetición llegaron a obtener una claridad y una credibilidad nunca vistas hasta entonces. Ellas emanaban de los discursos de Tim, no solo por causa del mejoramiento de su técnica, sino gracias a un efecto de consolidación, resultado de una práctica continua.

En el caso de Bilodeau, no solo sus historias personales se hicieron más claras y adquirieron mucho más sentido para él, sino que al mismo tiempo crecía la historia de MFH. Al combinar la convicción y la emoción de sus propias historias de identidad con las remarcables surgidas de sus visitas a los países pobres, Tim ha empezado a crear un papel y una misión más grandes para MFH. "Todo el proceso, primero con el recuerdo y la reflexión sobre mi experiencia y sobre mi vida, y después la narración de mis historias, es muy motivante. Durante el día a día no solemos cuestionarnos por qué hacemos lo que hacemos ni de dónde vienen nuestras creencias. Cuando nos gusta lo que hacemos, tenemos la tendencia de continuar haciendo siempre lo mismo. Por lo general, esta es mi manera de hacer las cosas. Sabía que hacía buenas obras y pensaba que continuaría haciéndolo así siempre. Me ponía en contacto nuevamente con los momentos y las personas más importantes de mi pasado, lo que me permitía revivir las emociones que había sentido cuando era más joven, lo que me hacía sentir cosas más profundas y auténticas en mí y comencé a ver mejores y mayores perspectivas para mí y para MFH. A medida que iba aprendiendo a contar mis historias y a añadir otras nuevas después de mis visitas a países en vías de desarrollo, la historia de MFH se acrecentaba. Me he dado cuenta de que no debíamos simplemente continuar haciendo lo mismo, sino que podíamos hacer más para tener una mayor influencia en el mundo", explicaba Tim Bilodeau.[3]

La transformación más importante no se hace sobre las presentaciones del líder, sino sobre el propio líder.

La narración de sus historias debe permitir una nueva visión y una consolidación de sus creencias más profundas.

A medida que una voz poderosa y auténtica se hace escuchar, usted debe definir una visión y una misión más grandes para usted y para su empresa.

Repita y practique una y otra vez

Para descubrir quién es usted debe repetir y practicar sus historias, de esta manera se convertirá en mejor narrador de historias y beneficiará a quienes lo rodean.

La mayor parte de los líderes, sin embargo, tienen tendencia a no comunicarse lo suficiente y pierden muchas ocasiones de utilizar historias que impulsen el cambio. Subestiman la importancia o el impacto en un equipo de una repetición constante de algunos mensajes simples. Suponen que contar sus historias de vez en cuando puede ser bastante para que los miembros de un grupo conozcan y, a su vez, difundan las historias de identidad de la empresa. Nuestra experiencia en entrenamiento y en observación de empresas nos ha demostrado que eso no funciona bien. La

---

3. Sadowsky, J.: *op. cit.*

narración que hace el líder de sus historias de identidad y su asimilación por los oyentes es un proceso de continua renovación y reinvención.

Usted debe aprovechar todas las ocasiones que se le presenten (e incluso provocarlas) para repetir una y otra vez mensajes simples y poderosos.

Este trabajo incansable de repetición es la misma técnica usada por Jack Welch que, como él ha dicho, contaba sus historias una y otra vez, en toda ocasión y cualquiera fuera el público. Por ejemplo: utilizó la historia de GE Elfun (un organismo internacional que se encarga de reforzar los vínculos sociales y la imagen de General Electric mediante proyectos benéficos) para animar a otras divisiones de GE a enfrentar la realidad mediante la promoción de la honestidad, en vez de utilizar la simpatía superficial, uno de los valores principales de la empresa. Welch cuenta que ha repetido sin cesar la historia de Elfun, y muchas otras, en todo tipo de situación, para dar a los empleados de GE una imagen concreta de sus deseos en cuanto a la cultura de su empresa. Para transformar la mentalidad en GE y construir la empresa alrededor de su nuevo sueño, Jack Welch utilizó la narración y en especial la repetición incesante de sus historias.[4] Según él, contó sus historias hasta que, poco a poco, las personas empezaron a escuchar.

Tim Bilodeau ha utilizado el proceso de repetición cuando le pidió a cada miembro del Consejo de Administración que preparara (como hemos visto) una historia personal sobre su compromiso con MFH. A cada uno de ellos les pidió que encontraran algo en su pasado que sirviera para explicar a los demás miembros por qué MFH tenía sentido para ellos. Gracias a eso, Tim logró crear un espíritu

---

4. Welch, J.; Byrne, J. A.: *op. cit.*

de equipo muy fuerte entre los miembros del Consejo de Administración, donde la cooperación no siempre es fácil. Sin embargo, todos encontraron una historia conmovedora, coherente con los valores y las creencias de la sociedad y de su líder.

En la reacción de Tim Bilodeau, que citamos a continuación, remarcamos su compromiso para con la narración y la importancia de la comprensión de dos de los principios que estimulan a las organizaciones: 1) la participación de aquellos que a su vez deben seguir la historia, pero esta vez como narradores, y 2) la repetición de historias de identidad colectivas. Después de la reunión, Tim relató sus impresiones:

- "Nuestra última reunión está siempre presente en mi espíritu. Me emocioné al escuchar las historias sobre la manera en que los miembros del Consejo de Administración se unieron a MFH. Sentí realmente su compromiso, lo que reforzó mi propio compromiso."
- "Gracias a todos los que estuvieron presentes en la reunión y un agradecimiento particular al entrenador Sadowsky, quien ha guiado la sesión y me ayudó a hacer que mi historia de MFH se convirtiese en algo realmente vivo."
- "He aprendido mucho al escuchar a los otros miembros del Consejo de Administración cuando se referían a la organización (...) y los comentarios hechos sobre mi historia ¡también han sido muy útiles!"
- "Me gustaría que, a partir de hoy, dedicáramos más tiempo, en cada reunión del Consejo de Administración de este año, para compartir con sus miembros los éxitos o los fracasos de la narración de la historia de MFH. ¿Qué ha funcionado bien y por qué? ¿Qué no ha funcionado bien y por qué?

– "La comunicación con los demás es la clave de nuestra capacidad para lograr una misión mucho más amplia [...] y decir que nuestra historia es nuestra mejor herramienta. [...] Creo que eso debería convertirse en un hábito durante nuestras reuniones."

Escriba como habla

El hecho de escribir sus historias constituirá una verdadera novedad en su viaje hacia una profundización de su "yo".

Para que estas historias sean eficaces, debe redactarlas tal como las cuenta.

Podemos citar varios testimonios de líderes actuales y del pasado para quienes la escritura, cuando es interpretada de forma oral, ha sido determinante para su desarrollo como líder y comunicador. Éric Le Royer, por ejemplo, presidente de EndoSense (una pequeña empresa de biotecnología de Ginebra especializada en tecnología médica) aprendió a utilizar el discurso basado en la escritura para visualizar sus palabras e interacciones con el público. Cuando Éric habla de su desarrollo como comunicador y narrador, cuenta cómo lo ayudó la escritura. "Transmitir mis historias de forma eficaz me demandaba una gran preparación [...] La mejor parte de la preparación era un ejercicio que consistía en escribir como se habla. Pasar un tiempo delante de una hoja en blanco es esencial para establecer la estructura, pensar en el entorno adecuado, reflexionar sobre el ritmo, crear puntos de transición y poner énfasis en el mensaje que se desea transmitir. Esto proporciona el marco de la historia, las ideas principales. [...] Este tipo de preparación me ha permitido adaptar la historia según la audiencia, trabajar en el formato y mejorar la confianza en mí mismo."[5]

---

5. Sadowsky, J.: *op. cit.*

Escribir como uno habla da lugar a descubrimientos. Es una etapa esencial entre la comprensión de lo que uno es y la capacidad de hablar de una manera libre y auténtica. Esto permite reflexionar profundamente sobre el mensaje que se desea transmitir de acuerdo con el público y el contexto.

El progreso que hizo Tim Bilodeau gracias a este ejercicio de escribir en forma hablada fue verdaderamente impresionante. Antes de hacerle trabajar de esta manera, tomamos los siguientes apuntes sobre Tim y su proceso de aprendizaje: "La introspección y la concentración de Tim Bilodeau sobre su ejercicio del viaje interior fueron impresionantes y lo llevaron a un verdadero conocimiento de sí mismo, de lo que él representa y de la influencia que le gustaría ejercer a su alrededor. Se reconcilió con sus creencias fundamentales y encontró historias poderosas que lo ilustraban. A pesar de que tenía ideas claras, le era imposible expresarse con autoridad ante su público. Parecía intimidado, leía sus notas, y sus historias parecían artificiales, les faltaban fluidez y espontaneidad. Al mismo tiempo, Tim era capaz de contar estas mismas historias en privado con pasión y autenticidad. Pero cuando practicábamos e imaginábamos un público, se ponía nervioso y perdía todos sus medios. Tim parecía excesivamente concentrado en sí mismo y era totalmente incapaz de 'dejarse llevar'. Se ponía demasiada presión para ser lo más eficiente que le fuera posible."[6]

Al realizar este ejercicio que consiste en "escribir como se habla", Tim aprendió a concentrarse en sus mensajes e historias y no en la propia acción de hablar. Empezó a hablar con el corazón y sin la preocupación de obtener un buen resultado. Este nuevo ejercicio tuvo un efecto casi inmediato en la expresión y en la narración de Tim Bilodeau. Empezó

---

6. *Ibid.*

a escribir las historias y a contarlas con un tono natural, concentrándose en su voz interior, y no en el entorno exterior. Empezó a contar sus historias sobre Collie y la prisión griega con una voz que empezó a sonar justa, una voz enérgica, conmovedora y apasionada. Al mismo tiempo que escribía, se le pidió que se imaginara a sí mismo contando la historia a un oyente, que marcara las pausas y subrayara aquellas palabras que él quisiera destacar. Cuando repetía en voz alta, se le aconsejó que se dejara llevar al interior de la historia, que se concentrara en su mensaje y que fuera natural.

Sin dejar de reconocer que quedaba un trabajo importante por hacer –deshacerse de las últimas notas de apoyo, aceptar el "dejarse llevar", trabajar en la simplificación de historias, en la adaptación de discursos y en las presentaciones a diferentes públicos y contextos–, Tim, indiscutiblemente, gracias a este ejercicio empezó realmente a encontrar su voz (¡y su camino!).

El pasaje siguiente muestra un ejemplo de lo que hacía Tim cuando escribía en forma hablada:

"Una de las cosas que hemos descubierto, es que simplemente hay muchos niños en el mundo que mueren todos los días porque no tienen las medicinas indispensables. Los medicamentos que usted y yo podemos obtener con facilidad y a buen precio, que podemos comprar en la farmacia más cercana, no son accesibles para estos niños. Hablamos de los más pobres que viven en lugares donde simplemente las medicinas no están disponibles.

Unos de esos lugares es un barrio llamado Ciudad del Sol en Haití. Imagínese un lugar donde 300.000 personas viven sobre un vaciadero de basura, en un barrio de tugurios donde las familias deben dormir en diferentes turnos. Los traficantes de drogas aplican su ley. Los niños sufren de malnutrición y mueren de enfermedades que usted no llegaría a creer si no se lo contase (pausa) como la diarrea o los resfriados de pecho (pausa) porque no cuentan con las medicinas más básicas o porque son demasiado pobres para comprarlas. Uno de cada cinco niños no llegará a cumplir los cinco años. (Pausa) También quiero hablarles de las mujeres con las que trabajamos. Las llamamos las Hijas de la Caridad. Demuestran tener un coraje fantástico. (Pausa) Es el único grupo humanitario que queda en la región. ¿Por qué? Porque los demás huyeron debido a la violencia, pero ellas se han quedado, dirigen una escuela, una clínica, un centro para niños desnutridos, un centro de formación para mujeres y hasta han comenzado con una cooperativa de costura (pausa) para que otras mujeres pudieran ganar un poco de dinero para mantener a su familia. Nosotros les damos los medicamentos necesarios para que puedan cuidar a esos niños. (Pausa) En los últimos seis meses, estas mujeres curaron a más de 25.000 niños con nuestras medicinas. Ellas nos decían que sin esas medicinas muchos niños hoy no estarían vivos. (Pausa) Después de haber visto este lugar… la pobreza… las condiciones… y las enfermedades, sabemos que lo que ellas dicen es verdad."[7]

Escribir de una forma como si fuese hablada permite una fuerte visualización. Mientras Tim llegaba a comprender y practicar la escritura como si fuese hablada, las personas que lo rodeaban pudieron constatar un cambio en su forma de expresarse. Cuando le preguntamos a Kate Lacatell, la asistente administrativa de Medicines for Humanity, sobre la eficacia de las presentaciones de Tim, nos señaló que su estilo daba la impresión de ser totalmente improvisado, aunque al mismo tiempo muy bien controlado.

Líderes como Nilesh Nanavati, ex presidente de Advanced Financial Applications, y Nick Heys, fundador y CEO de Emailvision, una empresa especializada en marketing en línea, explicaron los progresos que habían conseguido cuando se concentraban en este tipo de escritura. "Pienso que lo que más me ha podido ayudar a aumentar la confianza en mí mismo y a mejorar mi actitud a la hora

---

7. *Ibid.*

de transmitir los mensajes y contar mis historias, ha sido el hecho de escribir el texto como si tuviera que hablarlo. Este tipo de escritura ha sido una verdadera revelación para mí", explicaba Nilesh Nanavati. "La 'escritura-hablada' me ha permitido sentir los conceptos de modulación y de puntuación, dos elementos con los que he luchado durante meses. Aprender a visualizar, a ver y a sentir mis emociones puestas en palabras en un cuaderno como si yo las estuviera pronunciando de viva voz, realmente me han ayudado mucho", explicó Nick Heys.

Escriba su diario

Técnica para desarrollar un estilo de oratoria natural

Para aumentar su capacidad para contar historias, recomendamos escribir en un diario dos o tres *eventos de narración* cada semana. Estos deben tener en cuenta:

- la elección del momento y del entorno;
- la forma: la narración deber estar en un estilo coloquial;
- el efecto a producir en el público.

Como usted sabe, las ocasiones para contar sus historias no necesariamente son eventos importantes ante un público numeroso, pero sí son oportunidades, previstas o no, para utilizar la narración e inspirar y transformar a sus equipos. Puede tratarse de una reunión con un cliente, con un comité de dirección, una copa con sus colaboradores después del trabajo, o una discusión con un empleado del estacionamiento.

Este tipo de diario (que combina la escritura, la reflexión y la narración) debe permitirle alcanzar cinco objetivos:

- aumentar su conciencia sobre el poder de las historias para comunicar sus creencias fundamentales;
- obligarlo a buscar activamente oportunidades para utilizar la narración cotidiana con personas, equipos y otros públicos;
- sensibilizarlo sobre el efecto que producen las historias en el público;
- ayudarlo a aprender, en cada ocasión, a encontrar las mejores maneras de contar historias para expresar sus creencias y valores fundamentales;
- permitirle concentrarse en la reflexión, mecanismo clave para un autodesarrollo continuo.

Herramienta de reflexión

En general, escribir un diario es un ejercicio que aconsejamos fervientemente. Es muy importante para el desarrollo y la comunicación del liderazgo. Aunque usted esté demasiado ocupado (lo que suele suceder), dedicar un tiempo a escribir un diario lo obliga a encontrar algunos momentos para la reflexión.

La reflexión es un elemento esencial y necesario para la evolución de un líder.
Los líderes eficaces dedican mucho tiempo a reflexionar. Por medio de dicha reflexión, revisan constantemente su visión del mundo y la historia de su propia vida.

En su obra *Des Managers, des vrais! Pas des MBA*,[8] Henri Mintzberg, profesor de la Universidad de McGill de Montreal, muestra que los líderes, para progresar, tienen que reflexionar permanentemente sobre su experiencia.

---

8. Mintzberg, H.: *Des managers, des vrais! Pas des MBA*. Éditions d'Organisation, París, 2005.

"Aprender, no hacer, es reflexionar sobre la acción de hacer." Para el CEO de General Electric, Jeff Immelt, los líderes eficaces se caracterizan por su curiosidad por el mundo que los rodea y por una búsqueda constante de aprendizaje y entendimiento. A pesar de tener uno de los horarios más exigentes del mundo de los negocios, Immelt se esfuerza por dedicar el 20% de su tiempo a la lectura y la reflexión.

Si escucha a otros líderes –explican Heike Bruch y Sumantra Ghoshal, ambos profesores de liderazgo– le dirán que el recurso que más escasea es el tiempo, que dedican cada minuto a problemas estratégicos, a la reducción de costos, a imaginar nuevos enfoques para nuevos mercados, etc. En realidad, ¿qué hacen? Pasan de una reunión a otra, están constantemente revisando sus correos electrónicos, responden el teléfono. "Nuestros hallazgos sobre el comportamiento de los líderes deberían asustar: el 90% de ellos dedica su tiempo a todo tipo de actividades inútiles, y solo el 10% pasa su tiempo de una forma comprometida, determinada y reflexiva."[9]

Tener un diario lo obliga a reflexionar. Si para usted, la introspección y el autoanálisis no son fáciles, el diario será lo que le permita progresar en su "yo". Lo ayudará a ser un mejor comunicador.

Enseguida, a medida que vaya ganando en competencia y confianza, podrá empezar a trabajar en lo que llamamos "las oportunidades perdidas" de la semana para comunicar y contar sus historias. "¿Cuándo podría haber contado yo una historia para convencer a otra persona?". "¿Cómo hubiera podido yo relatar una historia de forma más eficaz?", etcétera.

---

9. Bruch, H.; Ghoshal, S.: *op. cit.*

Sus referencias

Un diario bien hecho es un diario donde usted:
- escriba sobre las oportunidades de narrar su historia que haya tenido durante la semana;
- reflexione y aprenda de las oportunidades perdidas;
- proyecte las posibilidades de narración que surjan en la próxima semana.

Medios para redactar su historia personal

La autobiografía o la construcción de una historia auténtica y coherente

Numerosos trabajos muestran que los relatos autobiográficos son la base del liderazgo. Boas Shamir, por ejemplo, escribe que es a través de las experiencias de la vida y de la manera en que están organizadas como el líder desarrolla su propia concepción de lo que verdaderamente es ser un líder.[10]

Para dirigir, explica Shamir, el líder debe construir una historia que integre su imagen de líder, una historia auténtica y coherente que pueda ser propuesta a los demás. Lo importante no es si los hechos sucedieron exactamente como los cuenta; lo fundamental es la autenticidad, la coherencia y la consistencia de la persona.

Lo que cuenta no es "la" verdad, sino "su" verdad.

Al elaborar una historia personal, explica Charlotte Linde, lingüista en la universidad de Stanford y en el Institute for Research on Learning en California, el líder establece

---

10. Sadowsky, J.: *op. cit.*, 2002.

conexiones coherentes entre los acontecimientos y las experiencias de su vida.[11] Contar una historia a partir de su vida no es relatar hechos, sino que es una búsqueda de identidad y de sentido. Esto permite ver con más discernimiento los acontecimientos de su propia vida y su importancia, y recién después crear la coherencia.

Cuando leemos y estudiamos las autobiografías de los líderes, los seguimos en su búsqueda de la verdad, de la coherencia y de la identidad. Anwar al Sadat, el antiguo presidente egipcio, por ejemplo, escogió como título para sus memorias *In Search of Identity, An Autobiography*.[12] De la misma manera, Gandhi reconoce que todo trabajo autobiográfico es una reconstrucción y una interpretación subjetiva de los hechos. La obra en cuatro volúmenes que constituye la historia de su vida tiene como subtítulo *The Story of my Experiments with Truth*.[13] Allí muestra que la búsqueda de su verdad personal y de su identidad en el liderazgo constituyó un esfuerzo a lo largo de su vida. "Entiendo mejor hoy lo que leí hace tiempo sobre la incongruencia de la autobiografía como historia real. Sé que no he redactado en esta historia todo lo que recuerdo. ¿Quién puede decirme cuánto tengo que dar y cuánto tengo que olvidar en interés de la verdad? [...] Yo no escribí una autobiografía para agradar a las críticas. La escritura es en sí misma una de las experiencias de la verdad", escribe Gandhi cuando ya se encontraba en el final de su vida.

Como parte de su investigación para entender su "yo", su valor y su visión, los líderes como Gandhi y Sadat supieron reconstruir la historia de su vida en lecciones autobiográficas coherentes y útiles, y pudieron compartir dichas

---

11. Linde, C.: *Life Stories: The Creation of Coherence*. Oxford University Press, New York, 1993.
12. Sadat, A. al: *In Search of Identity, An Autobiography*. HarperCollins, United Kingdom, 1978.
13. Gandhi, M. K.: *Gandhi, an Autobiography. The Story of my Experiments with Truth*. Beacon Press, Boston, 1993.

lecciones con quienes los rodeaban bajo la forma de historias personales. El constante proceso de reflexión y de remodelación dio lugar a la coherencia y la autenticidad, así como a una imagen de sí mismos que les ha brindado la confianza necesaria.

Un diario hablado

En vez de emprender un trabajo ambicioso, como es escribir sus memorias, al igual que Sadat o Gandhi, les recomendamos dedicar cada semana una o dos horas a la redacción de su diario.

Este ejercicio creará una proximidad entre usted y su historia. Al escribir como habla, al visualizar el público a quien usted querría dirigirse, verá cada vez con más claridad el sentido de la historia que quiere contar. Al mismo tiempo que aumentarán los grados de pasión y de convicción, se sentirá mucho más seguro de sí mismo y será más persuasivo con quienes lo rodean.

Sus referencias

- El diario le permite elaborar una historia de su vida, clara y coherente, impregnada de significado.
- El diario lo ayudará a hacer legítimo, si fuera necesario, su papel como líder.
- El diario favorece la transmisión de su historia de identidad individual y la del grupo.

CAPÍTULO 9

REGLA N° 5.
PROYECTE SUS IDEAS

Escribir como uno habla, siempre y cuando se sea consciente de su "interpretación", da a los mensajes claridad y certeza. Usted puede expresar su visión del futuro con una fuerte confianza y, en los casos más exitosos, crear una historia o una predicción de lo que puede ocurrir.

Esta dinámica de autocumplimiento ocurrió con Tim Bilodeau y sus equipos de Medicines for Humanity. Las historias que él creó y organizó con su estilo de escritura le permitieron, como líder, verse con un destino mucho más grande de lo que él hubiera podido imaginar. Mientras acreditaba su condición de líder y crecía en su propia historia de liderazgo, Tim inspiró al grupo que lo rodeaba y lo transformó para cumplir su destino.

Proyección e imagen de sí mismo

Representarse a sí mismo en la escena del liderazgo y ser auténtico al contar sus historias autobiográficas refuerza la imagen que se tiene de uno y aumenta la capacidad para inspirar y transformar a aquellos con quienes trabaja.

La narración de historias autobiográficas es un acto importante y necesario del liderazgo.

Escribir de forma autobiográfica, tener un "diario hablado", permite reflexionar, desarrollar y perfeccionar sus mensajes.

Al escribir sus historias y tener en cuenta su significado, podrá percibir las motivaciones más profundas, las que guiarán su vida.

A medida que Tim Bilodeau escribía sus historias e imaginaba su expresión, sus mensajes fueron siendo más claros; su confianza en sí mismo como líder de MFH y como mensajero de sus creencias fundamentales aumentó. "Para presentar mis historias de manera más eficaz, las rescribí y las repetí varias veces. El hecho de recuperar y escuchar de nuevo estos mensajes varias veces ¡fue espectacular! Cuando aprendí a comunicar mis historias de una manera más natural, las ideas y los valores que contenían tomaron un sentido más importante para mí. Entendí que mi propio mensaje tenía un sentido real. Empecé a tener más confianza porque sentía que podía transmitir su significado al público. Me sentía más fuerte para ir a nuevos lugares, para llevar la organización (MFH) a un nivel mucho más elevado", explicaba Tim.[1]

Proyección y control de las impresiones

Cuando se proyecta en situaciones de liderazgo, debe controlar su impacto en diferentes públicos. Hemos constatado que muchos líderes, paradójicamente, no ponen atención a las impresiones que pueden dejar y prefieren

---

1. Sadowsky, J.: *op. cit.*

concentrarse en los mensajes e informaciones que quieren transmitir. El impacto de la comunicación se encuentra disminuido porque la información y los mensajes no provocan confianza, mientras que las impresiones que generan sí lo hacen.

Para ser un líder eficaz, debe aprender a controlar activamente las imágenes e impresiones que deja en las personas a las que se dirige.

Controlar las impresiones de las personas a las que se dirige es un proceso de comunicación extremadamente poderoso, y por ello, en su diario hablado usted debe pensar sobre la construcción y la expresión de las impresiones más importantes que quiera dejar en su auditorio.

Por ejemplo, una de las imágenes de sí mismo que Tim Bilodeau tiene y mejor controla es la de una persona que siempre se ha conmovido por la injusticia que existe en el mundo. Cuando Tim relata la historia de su estancia en la cárcel griega, el público ve en él una persona capaz de luchar hasta el fin. Cuando cuenta lo que quería hacer de su vida después de haber leído el diario en Nantasket Beach, el público ve otra imagen de su cruzada personal por la justicia y la igualdad. Una vez más, Tim es extremamente creíble.

Tim aprendió a contar sus historias y a controlar su impacto de una manera verdadera y convincente, y hace que las personas a las que se dirige se sientan muy conmovidas y quieran comprometerse con él para contribuir a su éxito. La directora de los programas, Betty Scanlon, contaba que cuando se incorporó a MFH las razones que la convencieron de trabajar allí fueron las descripciones de Tim de los lugares y de las personas con las había tenido el privilegio de trabajar.

Proyección y autenticidad

Aprender a escribir como se habla lo ayudará a expresarse por sí mismo y a comunicar mejor sus propios valores. Jamás pierda de vista que su voz natural debe ser su única voz, porque ella es auténtica.

> *Para ser eficaz, debe aprender a ser usted mismo, a comportarse, hablar y actuar de manera natural, auténtica y entusiasta.*

Si sabe hablar con el corazón, con emoción, el uso de historias personales –siempre y cuando controle la imagen que quiere transmitir– darán valor a su autenticidad. Harriet Rubin, autora y editora especializada en la publicación de obras de gestión y de economía, dice: "Representar un papel no significa disminuir la autenticidad o la honestidad, sino que puede significar que está interpretando lo que usted es con mayor energía y competencia".[2]

> *En el liderazgo, la comunicación se basa en expresar lo mejor de su verdadera naturaleza.*

Proyección y energía

Después de haber destacado la importancia de aprender a contar historias autobiográficas de una manera natural y la utilidad de un diario hablado para lograr dicho rendimiento, ahora es el momento de que usted, como líder, ponga la energía y el entusiasmo, lo que nosotros llamamos los "amplificadores" de sus discursos. En efecto, si bien expresarse de forma natural es un elemento importante, no es

---

2. Rubin, H.: "Boooorrriinng!!!", *Fast Company*, 35, 228-236, 2000.

suficiente para guiar e inspirar a un público. Puede tenerse una voz natural y sin embargo hablar "en pequeño".

Para establecer una comunicación emocional y entusiasta con un auditorio, debe ser capaz de hablar "en grande", es decir, encontrar un tono que inspire y comunique con un alto grado de energía.

Existen varias maneras de poner energía en una presentación basada en historias: la puntuación, la modulación y las preguntas retóricas constituyen elementos esenciales.

Sus referencias

- Para usted, líder, ser capaz de puntuar quiere decir ser capaz de insistir en ciertas palabras y conceptos, resaltarlos en el trabajo escrito y aprender a darles énfasis por tratarse de puntos clave cuando relate sus historias.
- Modular es hacer cambios en la velocidad y el tono de voz, lentificar, acelerar, suavizar o endurecer el tono para resaltar palabras, frases o conceptos.
- Las preguntas retóricas son las que usted hace a su público sin intención de obtener alguna respuesta. Debe utilizarla para llevar a su auditorio a que se concentre en los temas centrales que usted desea que recuerden.

Al escucharlo, las personas a las que se dirige deben sentir el flujo dinámico de sus historias. Para ampliar el ejemplo utilizado antes, que mostraba cómo Tim Bilodeau preparaba la escritura hablada (ver Capítulo 8, pág. 105), ahora le presentamos los resultados de este ejercicio. Le pedimos a Bilodeau que se concentrase especialmente en el aumento de energía en su discurso y en su narración. En los párrafos que siguen, la escritura de Bilodeau está en un tamaño menor, nuestras proposiciones están subrayadas y la cadencia del discurso se indica entre paréntesis.

Una de las cosas que hemos descubierto y que hemos encontrado interesante (lentamente) y muy alarmante... es el hecho de que hay muchos niños en el mundo que mueren a diario (lentamente)... Reflexionen sobre eso... mueren cada día... ¡todos los días!... ¿Por qué mueren? Porque no tienen las medicinas indispensables. Los medicamentos que usted y yo podemos obtener con facilidad y a buen precio, que podemos comprar en la farmacia más cercana... Entonces, ¿por qué ellos no van a buscarlas como usted y yo? Pues bien (lentamente), usted debe recordar... hablamos de los más pobres de los pobres y ellos viven en lugares donde simplemente las medicinas no están disponibles.

Entonces, seguramente se pregunte ¿a qué se parecen esos lugares donde viven los más pobres de los pobres? Si es así, venga conmigo para "ver" donde vamos... Uno de los lugares es un barrio muy pobre conocido como La Ciudad del Sol en Haití. Imagínese un lugar donde 300.000 personas viven en un vaciadero de basura, en tugurios poblados de familias obligadas a relevarse para dormir. Los traficantes de drogas aplican la ley. Los niños sufren de malnutrición. Entonces, puede preguntarse, ¿por qué nosotros? ¿Por qué escoger ir a lugares como este? Bien (pausa), en Medicines for Humanity, sabemos que nuestro lugar está ahí, que es en esos lugares donde está nuestro verdadero lugar, allí donde los niños mueren cuando jamás tendrían que morir, los lugares donde realmente podemos hacer algo especial. Y además, vemos dónde mueren los niños y cómo mueren... ¿Y de qué cree usted que mueren los niños? Mueren a causa de enfermedades que nosotros no podríamos ni imaginar que les provocaría la muerte (pausa) como la diarrea y los resfriados de pecho (pausa) (lentamente para acentuar) porque no pueden tener las medicinas básicas o porque son demasiado pobres para comprarlas. Uno de cada cinco niños jamás celebrará su quinto cumpleaños. (Pausa) También quiero hablarles de las mujeres con las que trabajamos. Las llamamos las Hijas de la Caridad. Son fantásticas y extremadamente valientes. (Pausa) Es el único grupo humanitario que queda en la región. ¿Por qué? ¿Por qué se fueron los demás? Bien (pausa), los demás se han ido por causa de la violencia. Pero ellas se quedaron (lentamente), las misioneras se quedaron solas... Dirigen una escuela, una clínica, un centro para niños desnutridos, un centro de formación para mujeres y hasta empezaron una cooperativa de costura (pausa) para que otras mujeres puedan ganar dinero para mantener a sus familias.

<u>Entonces, ¿qué podemos hacer? En Medicines for Humanity ¿qué hacemos? Sencillamente...</u> les damos los medicamentos que necesitan para sanar a sus hijos. (Pausa) En los últimos seis meses, estas mujeres han curado a más de 25.000 niños con nuestras medicinas. <u>(Lentamente) Algunas veces, veo a los niños jugar en la calle y pienso en nuestro impacto. Porque, ¿qué cree usted que nos dicen las Hijas de la Caridad? Es demasiado simple...</u> nos dicen que, sin las medicinas, muchos de esos niños en la actualidad no estarían vivos. (Pausa.) Al ver el lugar... la pobreza... las condiciones... y las enfermedades... sabemos que es verdad lo que ellas dicen.

En este pasaje, habrá notado que se han utilizado tres herramientas para tener una presentación más viva y cautivar la atención del auditorio: la puntuación, la modulación y la pregunta retórica.

La aplicación de estos principios –el trabajo sobre amplificación, la capacidad de encontrar la energía y la emoción mayores que permitan cautivar a los oyentes– le demandará una atención constante y gran concentración en los detalles. Cambiar su estilo coloquial, un estilo que usted habrá utilizado a lo largo de toda su vida y a menudo con alegría, puede presentar cierta resistencia.

A pesar de que Tim Bilodeau ha hecho un trabajo impresionante para encontrar su manera natural de expresarse y de contar historias fascinantes, mostró resistencia a la hora de trabajar en poner aún más energía y entusiasmo en sus discursos.

Para ser honestos con respecto al trabajo de amplificación que proponemos, deberíamos añadir que si bien la energía constituye un elemento fundamental del discurso eficaz, también puede ser arriesgado añadir este elemento demasiado temprano en el trabajo de narración. A pesar de que no haya un momento predeterminado para recurrir a las técnicas y a los procesos para aumentar el grado de energía como orador, es importante que desde el inicio se concentre en cada etapa del proceso que le permitirá encontrar su expresión natural y auténtica: su viaje interior para entender su "yo", dar claridad a sus valores y creencias subyacentes, identificar historias autobiográficas que simbolicen los valores fundamentales y la práctica de la narración.

Solo después, en muchas ocasiones, podrá añadir energía y dinamismo a sus discursos con la ayuda de algunos mecanismos simples.

Su trabajo siempre debe concentrarse de forma prioritaria sobre los cambios que se suceden en su interior, más que en la apariencia exterior de su discurso.

Las técnicas oratorias no tienen sentido si no sirven para ayudarlo a expresarse de manera auténtica.

Proyección y éxito

Una historia bien construida —es decir, una historia auténtica, que usted, en calidad de líder, y quienes trabajan con usted puedan compartir; una historia con la cual pueda identificarse cada empleado— puede llevar que se cumplan las predicciones. Si las personas que dirige están convencidas de que usted los llevará al éxito, trabajarán y ayudarán mucho más.

La creencia en el éxito lleva al éxito; el éxito lleva a la creencia en los futuros éxitos.

Si bien "creer en el éxito lleva al éxito" puede parecer ingenuo, algunos estudios han confirmado la legitimidad de lo que en este contexto no es más que el principio de Pigmalión, basado en el mito relatado por el poeta latino Ovidio. En este mito, el escultor Pigmalión de Chipre, enamorado de su propia creación, una mujer esculpida en la piedra, manifiesta el deseo que ella se convierta en un ser humano real. Testigo de tal fervor, Venus, la diosa del amor, cumple el deseo del artista.

Aplicado a las circunstancias modernas de la empresa, el efecto Pigmalión recuerda una forma de profecía autocumplida.

Si usted, líder, encarna una visión y una creencia muy fuerte en el éxito de sus equipos, esta visión podrá convertirse en realidad.

Proyección y viaje heroico

El relato heroico de sociedades emblemáticas

En una organización o en un grupo de trabajo, las historias que más inspiran son las heroicas. Cuando un líder logra convencer a los seguidores de que están participando como protagonistas en una verdadera aventura, en el "viaje del Héroe", esta historia excepcional también puede volverse realidad.

Un buen ejemplo de relato heroico que llevó a un grupo a alcanzar las más altas cumbres, es la historia de Apple a principios de la década de 1980. Como ya lo hemos mencionado varias veces, el cofundador de Apple, Steve Jobs, fue sin duda uno de los maestros modernos de la narrativa heroica inspiradora. Recordamos muy bien cómo, a principios de la era Macintosh, Jobs consiguió motivar a su grupo (véase Capítulo 2, pág. 25).

Once años después de la aparición de Macintosh, durante una entrevista, el diseñador Andy Hertzfeld describía el sentimiento de su equipo y sus esfuerzos sobrehumanos. "Steve decía que un millón de personas comprarían esa máquina. Además, teníamos que hacerla aún mejor y más rápido. [...] Debíamos trabajar hasta que termináramos. No podíamos irnos a dormir ni hacer nada más. Llegué al extremo de permanecer en pie durante tres días. Finalmente, los astros se alinearon y sacamos la última versión a las seis de una hermosa mañana."[3] A pesar de las largas horas de trabajo y los objetivos aparentemente imposibles –o quizás, ¡gracias a ellos!– Hertzfeld explica que los meses que precedieron el lanzamiento de la Mac fueron los más excitantes de su vida. Al ver una foto de su grupo de trabajo, años más tarde, estaba rebosante de emoción. "Me gusta esa gente, para mí son como una familia. [...] Estábamos unidos gracias a ese compromiso común de intentar hacer algo con la Mac que parecía imposible."[4] John Sculley, CEO de Apple en el momento del lanzamiento de la Macintosh, cree que la genialidad de Steve Jobs fue el dar una forma heroica a la narración y hacer participar a todo el equipo en calidad de protagonista –para hacer un viaje colectivo épico. Al describir su propia fascinación frente a la actitud del equipo de Mac, vemos que la historia mítica de Jobs era también un cuento de inclusión. Para ese equipo, el trabajo se convirtió, usando palabras de Picasso, en la "seducción final". No había ningún momento en que el equipo de Mac no pensara en el producto. Todos trabajaban día y noche, renunciaban al descanso en un frenesí creativo para resolver un enigma técnico. "Cuando iba a verlos, su pelo estaba revuelto, sus rostros marcados por no haber dormido, pero sus ojos siempre brillaban de entusiasmo. [...] Steve hizo de Macintosh *su* producto", escribió Sculley.[5]

---

3. Cringely, R. X.: "The Triumph of the Nerds: An Irreverent History of the PC Industry", en Sen, P. (ed.): *Titre de l'ouvrage*. R.M Associates, New York, 1996.
4. *Ibid.*
5. Sculley J.; Byrne, J. A.: *op. cit.*

Durante la era de Jobs, Apple logró compartir su viaje heroico con sus clientes. En uno de los lanzamientos más espectaculares de todos los tiempos, Apple, para presentar a Macintosh, se introdujo en el drama de un cuento clásico de George Orwell, *1984*, donde IBM aparecía en el papel del totalitario Gran Hermano. Durante los meses que precedieron la puesta en marcha de la Mac, Jobs intentó convencer al mundo entero de que Mac, por ser fácil de usar, era la única esperanza para la humanidad, el producto heroico, innovador, que iba a liberar a todos de la tiranía orwelliana de las aparatosas y monolíticas PC de IBM. "¿Va el Gran Hermano a dominar la industria informática entera, la era de la información en su totalidad? ¿Tenía razón George Orwell en *1984*?"

El lenguaje y el comportamiento de Steve Jobs a algunos podrá parecerles excesivamente dramático; no compartimos esa opinión. Consideramos que su trabajo, como líder que es, consiste en inspirar y transformar de forma duradera a las personas que dirige, describiéndoles la misión, los valores, la visión y la estrategia de la empresa en términos grandiosos. Los dragones que usted debe aplastar, los que ofrecen desafíos audaces o los que representan amenazas reales, ¿no son lo suficientemente grandes como para motivar a sus equipos a trabajar de una manera heroica? "Si así no fuera, usted, en su calidad de líder, tiene que saber cuáles son las afirmaciones que pueden hacer que sus equipos se comprometan en un viaje insondable lleno de valentía y de audacia", explica Richard Stone, presidente de Story Work Institute.[6]

La historia de Tim Bilodeau, una vez más, es buen ejemplo de un individuo aparentemente ordinario que va a dar consistencia a sus sueños. Tim estaba relativamente satisfecho y se sentía seguro en su mundo "ordinario". Al mis-

---

6. Stone, R.: *How is a Business Like a Story? Using Narrative Structures to Create a More Successful Organization.* Story Work Institute (storywork.com), 2003.

mo tiempo, describía su malestar. ¿Dónde estaba ese "algo especial" que había buscado?, ¿cuál era esa actividad que daría un sentido más profundo a su vida? Su llamada hacia la aventura apareció en forma de un artículo de un periódico, que leyó un domingo en la playa, en el que se contaba la historia de médicos y gente benévola que ayudaban a los pobres en Ecuador.

Tim decidió, entonces, participar en esta aventura como los héroes mitológicos. Bajó al "infierno", aceptando viajar a los lugares más pobres del planeta para encontrar el modo de hacer disminuir la mortalidad infantil. Con el tiempo, esta búsqueda se volvió heroica. Para ganar este combate, creó MFH y tuvo que afrontar elementos insuperables y grandes desafíos. ¿Cómo un solo individuo puede tener tanto impacto sobre una de las injusticias más grandes del mundo? Después de este viaje interior de gran intensidad, Tim reclutó un equipo de empleados y de voluntarios. Les contó una historia que los proyectó mucho más lejos y mucho más alto de lo que ninguno de ellos hubiera imaginado. Hoy, Tim se ha convertido en el "maestro de los dos mundos". Comparte su tiempo entre el mundo "ordinario" en el que recauda fondos y gestiona su empresa sin ánimo de lucro, y efectúa varios viajes al mundo "especial" de los desfavorecidos.

Solo cuando identifique un objetivo que parezca casi imposible de lograr podrá provocar en sus equipos increíbles grados de creatividad y de pasión.

Los héroes cotidianos del mundo empresarial

Hoy en día, el viaje heroico no solo está destinado a los héroes. Poco a poco, las historias de héroes van apareciendo en las empresas. Estas historias responden a la necesidad de perpetuar la cultura de la organización, poniendo énfasis en su misión y sus valores –por ejemplo, la integridad frente a un dilema ético o el compromiso con un servicio extraordinario para satisfacer al cliente.[7] Dichas historias de héroes suelen narrar casos de triunfos individuales, de valentía ejemplar y de perseverancia que pueden ser fuente de inspiración para todos.

Tom Peters cuenta una historia, que ahora se ha vuelto famosa, sobre un empleado de Federal Express y de un helicóptero, que ilustra un compromiso heroico relacionado con la promesa de la empresa de garantizar una entrega cierta cualesquiera fueran las condiciones y los obstáculos. La historia es la siguiente: la tempestad en las montañas de California había destruido las líneas telefónicas y la oficina de Federal Express había quedado incomunicada con los clientes. Frustrado e impotente ante esa situación, un joven del personal de comunicación de la compañía decidió alquilar un helicóptero, para lo que utilizó su propia tarjeta de crédito, y enseguida dio la orden de que volara hasta la cima de la montaña donde se encontraba la instalación averiada. Una vez arriba, saltó a la nieve, que le llegaba hasta el pecho, y se arrastró una decena de metros para reinstalar las líneas y permitir que FedEx volviera a estar operativa. ¿Cómo pudo un simple empleado decidir lo que iba a hacer, sin importarle el costo (¡hasta alquilar un helicóptero!), para que la actividad pudiera continuar? Para el director de comunicaciones, Ed Robertson, fue porque los empleados escuchan y quieren imitar las leyendas heroicas de la empresa. En 1997, durante un discurso dado ante la convención de la International Association of Business Communicators (IABC), en Los Ángeles, Robertson así se expresó ante el auditorio: "Nuestros líderes son grandes narradores cuyos

---

7. Birchard, B.: "Once Upon a Time", *Strategy & Business*, 27 (http://www.strategy-business.com/press/article/18637?pg=0), 2002.

discursos están llenos de historias acerca de la ética del trabajo en Federal Express y eso es lo que hace de ella una gran empresa".[8]

En UPS, el principal competidor de Federal Express, los empleados están convencidos de que son los héroes de su actividad, y de que cuentan con sus propias historias y leyendas que lo demuestran. Durante los eventos oficiales de la empresa o en reuniones informales, los empleados que llevan más tiempo en la empresa se refieren a entregas puntuales en condiciones meteorológicas tan terribles que habían impedido que las hicieran sus competidores. "Esas historias adoptan la forma de numerosos cuentos heroicos tradicionales: el héroe, solo, que con valentía vence al mundo hostil."[9]

En su calidad de líder eficaz, debe encontrar los momentos y lugares para contar sus historias, en particular las que animan a sus colaboradores y a sus empleados a compartir narraciones de heroísmo cotidiano. "Reúna a sus equipos y cuente historias representativas, establezca rituales, transforme sus historias de héroes en leyendas empresariales que se transmitirán a lo largo de generaciones."[10]

Las empresas tienen muchas historias de héroes "anónimos" que por sus hechos y decisiones cotidianas perpetúan la cultura y los valores de la empresa, por lo que merecerían ser considerados como verdaderos héroes.

En su trabajo de consultor, Peg Neuhauser les pide a sus clientes que se preocupen en identificar a sus héroes anónimos y divulguen sus historias heroicas. "¿Con qué frecuencia se cuentan sus historias heroicas? ¿A quién se las cuentan? ¿Se ha establecido algún momento para contar las

---

8. Wylie, A.: "Storytelling: A Powerful Form of Communication", *Communication World*, 15, 30-32, 1998.

9. Cohen, D.; Prusak, L.: *op. cit.*

10. Armstrong, D. M.: *op. cit.*

historias de héroes a los recién llegados, para que las escuchen y para que los empleados más antiguos puedan volver a escucharlas? ¿En qué momento se ha comportado usted como un héroe en su empresa?"[11]

Si bien las hazañas heroicas alguna vez estuvieron reservadas a unos pocos, las empresas de hoy pueden encontrar inspiración en las situaciones corrientes, lo que implica la participación de los empleados cotidianos. Estas historias constituyen importantes fuentes de motivación. Robert Spector, autor y especialista en el servicio al cliente, pasó varios años dedicado a estudiar la manera en que Nordstrom, una empresa centenaria, se dedica a proporcionar el mejor servicio al cliente. El autor descubrió que esta cultura de servicio excepcional se transmite mediante los cuentos heroicos.[12] Una de las historias más famosas en Nordstrom es la de una clienta que tenía que viajar, pero había olvidado su pasaje de avión en una de las grandes tiendas Nordstrom. Para resolver el problema, la dependienta trató de llamar a la compañía aérea, pero allí le explicaron que debía respetar reglas y procesos específicos y les era imposible ayudarla. La empleada pagó con su propio dinero un desplazamiento de 45 minutos en taxi para ir al aeropuerto y asegurarse de que la señora pudiera tomar su vuelo. Patrick McCarthy, un veterano en ventas de Nordstrom, analizó esta historia con admiración. Para él, el comportamiento de su empleada era un modelo que todos deberían seguir en la empresa.

Patrick Lencioni –presidente de The Table Group, un estudio especializado en el acompañamiento de comités de dirección– explica: "Contamos una y otra vez, la historia del dependiente que aceptó la devolución de una blusa usada dos años más tarde sin hacer ninguna pregunta. Esto refuerza la creencia de los empleados de que están trabajando en una

---

11. Neuhauser, P.: *op. cit.*
12. Spector, R.; McCarthy, P. D.: *The Nordstrom Way: The Inside Story of America's #1 Customer Service Company.* Wiley, New York, 1995.

empresa extraordinaria".[13] A pesar de que estas historias puedan parecer bastante triviales, en empresas como Nordstrom son consideradas heroicas y constituyen la base de una cultura de servicio verdaderamente impresionante. Para Alexandra Defelice, especialista de CRM (Customer Relationship Management): "Esto va más allá de lo que normalmente haría un empleado. Podemos aspirar a un servicio de base o a un servicio heroico. [...] Yo quiero un servicio heroico".[14]

Para un líder, encontrar lo heroico en lo común y asegurarse de que se promueva en la empresa debe ser parte de su trabajo.

Las historias heroicas que pueden crearse y contar en una empresa deben referirse a individuos que afrontan problemas específicos. Por supuesto, también puede funcionar con respecto a un grupo, y este tipo de historias ayudan a los empleados a esforzarse para ser cada vez mejores.

Debe proyectarse en la escena del liderazgo y expresarse con la visión, la energía, la convicción y el entusiasmo del héroe.

Debe contar historias que describan un futuro atractivo para que la gente de su empresa acepte seguirlo, quiera comprometerse con usted en su viaje de héroe.

Si usted consigue contar historias fascinantes sobre los nuevos mundos por conquistar, si la historia de su empresa encuentra su equivalente en el teatro clásico, si las personas a las que usted se dirige ven "los dragones que hay que matar y las princesas que hay que conquistar" en sus objetivos cotidianos, entonces logrará establecer la dinámica que inspirará, transformará y guiará a sus equipos hasta las cimas. Lo que hasta ayer parecía imposible de imaginar y que ahora está al alcance de todos.

---

13. Lencioni, P. M.: "Make Your Values Mean Something", *Harvard Business Review*, 80, 113-117, 2002.

14. Defelice, A.: "A Century of Customer Love", CRM *Magazine*, 9, 42-49, 2005.

CAPÍTULO 10

REGLA N° 6.
PERSONALICE SUS HISTORIAS

Como hemos visto, a través de sus historias personales podrá establecer una conexión profunda y emocional con su audiencia y así, inspirarla.

Elizabeth Weil, escritora y periodista, es categórica: "Los líderes más eficaces están unidos a sus propias historias personales".[1] La narración eficaz necesita ser personalizada, ya que solo de la pasión del orador puede nacer la emoción del auditorio.

¿Qué hace de alguien un buen orador?, se preguntan Jim Kouzes y Barry Posner, profesores de liderazgo. Sin duda, la respuesta es ¡las historias personales! No tenga miedo de expresarse en primera persona. Si está realmente entusiasmado por una actividad o un objetivo, ¡muéstrelo! Si está agobiado por las presiones de la competencia, ¡muéstrelo! Permitir que las emociones salgan a la superficie dará la pasión necesaria a su voz y aumentará su capacidad para utilizar gestos y sonrisas.[2]

Mostrar la emoción permite sensibilizar al público, apelar a su pasión y a sus sentimientos de orgullo. El secreto

---

1. Weil, E.: "Every Leader Tells a Story", *Fast Company*, 38-42, 1998.
2. Kouzes, J. M.; Posner, B. Z.: *op. cit.*

está en desarrollar y contar sus historias más fascinantes, comenta John Katzenbach: "Las personas nunca se cansan de escuchar las historias que estimulan los sentimientos de orgullo".[3]

Las historias personales, expresa el consultor en comunicación Terry Pearce, hacen que el líder sea más accesible, más creíble y más digno de confianza. El orador se revela plenamente al reconocer sus puntos en común con su auditorio. Al sacar partido de su experiencia personal, el líder se humaniza. El hecho de compartir esta experiencia lo convierte en un modelo vivo, accesible y auténtico ante su audiencia, y por lo tanto digno de confianza.[4] Los líderes con éxito, como muestran Noël Tichy y Eli Cohen, personalizan sus visiones y sus ideas mediante el relato de historias que sensibilizan a las personas tanto de manera emocional como racional.[5]

Los puntos de vista lúcidos que construirá serán más poderosos si los cuenta como una historia personal. A la hora de establecer los principios directivos de la empresa, estos no pueden ser solo conceptos intelectuales. Para que sean eficaces, debe darles cierta vivacidad para poder conectarse con quienes trabaja. Esto quiere decir que debe expresarse, no solo de forma racional e intelectual, sino también de manera emocional y física. Las historias y los puntos de vista están estrechamente relacionados. "Sin las historias como base, los puntos de vista no son más que conceptos sin demasiado sentido", explican Tichy y Cohen.[6]

Según nuestro punto de vista, uno de los elementos más difíciles de la personalización es poder convencerlo de que necesita presentarse mediante un discurso que, justamente por ser tan íntimo, podría incomodarlo.

---

3. Katzenbach, J. R.: *op. cit.*
4. Pearce, T.: *op. cit.*
5. Tichy, N. M.; Cohen, E. B.: *op. cit.*
6. *Ibid.*

Es lo que le sucedió a Nilesh Nanavati, ex presidente de AFA. Durante muchos meses, Nilesh se enfrentó a la dificultad de personalizar una conversación o una presentación porque él pertenecía a una cultura y un ambiente donde se consideraba inapropiado hablar de uno mismo. A medida que iba progresando como narrador, observaba que, en varias ocasiones, contar historias personales –quién era él, de dónde venía, qué había aprendido con su experiencia y lo que él representaba– era la mejor forma de crear un fuerte vínculo con aquellos a los que intentaba inspirar.

Tim Bilodeau, aunque proviene de una cultura diferente, se enfrentó a las mismas dificultades y, además, le costó más tiempo empezar a escribir y contar sus propias historias. "Personalizar mis historias ha representado un enorme paso en la mejora de mi comunicación. […] Al entrenarme para lograr involucrarme en la historia pude sentir cómo esta se volvía más interesante y más viva para quienes me escuchaban."

Ser humilde y al mismo tiempo hablar de manera personal es extremadamente eficaz.

CAPÍTULO 11

REGLA N° 7.
SIMPLIFIQUE SIEMPRE

Elija historias simples

Simplificar no significa que deba desechar las ideas y los valores que desea compartir con el pretexto de que podrían ser demasiado complejos. Tampoco quiere decir "degradar" un mensaje. Simplificar es aprender a contar sus historias con eficacia y autenticidad.

Si bien las ideas y los mensajes transmitidos pueden ser complejos, las historias, por el contrario, no tienen por qué serlo. Cuando estas han sido bien escogidas y cuando son contadas de forma eficaz, deben ayudar a que las personas a quienes usted se dirige las vean, y capten lo que usted desea que ellas comprendan. El novelista Michel Tournier explica: "Un cuento es más poderoso que una novela, porque relata de forma simple las cosas más complicadas; por lo tanto, una historia permite explicar simplemente ideas que a veces son difíciles".

Por otro lado, si sus historias son demasiado elaboradas, si cuentan con muchos detalles, la idea central se pierde y el público no podrá seguirla. Como remarcó Jerry Weissman, la complejidad inútil es un error. Cuando las historias se vuelven complicadas, cuando carecen de continuidad y el público no puede seguirlas, el líder fracasa en su intento de establecer un vínculo claro con el público, las presentaciones generalmente se convierten en una decepción.[1]

Sin embargo, muchas veces escuchamos que líderes y dirigentes, en especial del sector de la alta tecnología, nos dicen: "Ustedes no pueden entender nuestro negocio ni nuestra tecnología, son demasiado complicados y sofisticados, y por eso cuesta mucho que los posibles inversores puedan entenderlo. También es extremamente complicada la venta a los clientes, etc. Por eso, necesitamos de todas esas diapositivas y de la demostración de nuestros productos, para que nuestra argumentación sea clara."

Pues bien, ya hemos escuchado todo eso, pero es importante que aprenda (si no es algo natural en usted) a relatar una historia de forma simple, a dirigirse al auditorio como lo haría con cualquier persona en la calle. Sin esta habilidad, nunca llegaría a transmitir correctamente su mensaje a un grupo aunque él estuviera interesado en las nuevas tecnologías. Si fuera necesario, deberá aprender a eliminar muchas cosas de sus discursos.

Su discurso debe ser ¡lo más directo y simple posible! Siempre habrá tiempo para añadir detalles.

Por ejemplo, le pedimos a Nilesh Nanavati que participara en el siguiente ejercicio: "Usted está sentado en un avión al lado de una persona que no conoce casi nada sobre inversiones y ella le pide que le explique a qué se dedica su empresa". Al principio, Nilesh fue incapaz de hacerlo en forma adecuada, a pesar de haber practicado durante varias

---

1. Weissman, J.: *op. cit.*

semanas, y su historia, en ese momento, no tuvo eco alguno. Sin embargo, un día las cosas cambiaron. Nilesh halló una forma directa y simple de describir su actividad. "En AFA, deseamos transmitir a los inversores institucionales lo que el *e-business* ha conseguido para los inversores particulares. Hoy en día todo el mundo puede comprar acciones por Internet pero algunos inversores institucionales, como los pequeños gerentes de fondos, no pueden hacerlo de forma directa. Nuestro trabajo, básicamente, consiste en simplificar el proceso para esos pequeños comerciantes institucionales."[2]

El caso de Nilesh Nanavati no es el primero ni el último. Tim Bilodeau, Nick Heys, Éric Le Royer y otros líderes se volvieron mucho más eficaces para establecer una comunicación y convencer a diversos públicos (incluso los considerados más exigentes) después de haber conseguido simplificar sus historias.

Muchos especialistas y consultores defienden puntos de vista similares. Cuando Jerry Weissman contaba su experiencia en el "IPO *road show*" (*Initial Public Offering road show*, período anterior a la salida a la Bolsa, donde la empresa se presenta a posibles inversores) de Cisco Systems, puso énfasis en la racionalización de la presentación de la empresa para quitar todos los elementos de complejidad inútiles. "Cisco, finalmente, pudo convencer a los inversores de que invirtieran importantes sumas, a pesar de que en aquel entonces no había demasiadas personas que pudieran entender la tecnología de la que estábamos hablando."[3] Según nuestra experiencia, lo más importante es que un orador se refugie en unos pocos puntos simples, auténticos e identificables.

En el centro de toda buena historia de empresa hay una verdad que es lo suficientemente simple como para que usted pueda comunicarla y lo bastante identificable para

---

2. Sadowsky, J.: Conversación personal con Nilesh Nanavati, 2002.
3. Weissman, J.: *op. cit.*

que las personas a las que usted se dirige puedan captarla rápidamente y unirse a ella. SatCon Technology, situada en Cambridge, Massachusetts, fabrica productos electromagnéticos para empresas que van desde el sector del automóvil hasta el espacial. El trabajo de SatCon –explica Edward Welles, periodista de *Inc. Magazine*– es complejo y a menudo teórico, y podría ser explicado mediante una maraña de ecuaciones sobre una pizarra. Sin embargo, el presidente, David Eisenhaure, es capaz de resumir la misión de SatCon en una sola idea accesible a todos: "Nosotros proporcionamos un grado de inteligencia más elevado a las máquinas". Eisenhaure, quien consiguió que SatCon cotizara en Bolsa, cree en lo que él llama "El cruce en el ascensor" o lo que los norteamericanos llaman "*elevator pitch*". David explica: "En un ascensor, usted debe poder describir lo que hace su empresa a la persona que está a su lado antes de llegar al piso siguiente, por lo que debe ser simple y preciso ya que si es complicado, no funcionará".[4]

Sus referencias

Simplificar sus historias significa poder responder claramente y de forma concisa a las siguientes preguntas:

- ¿Cuáles son sus creencias más fuertes?
- ¿Cuáles son los mensajes fundamentales que nunca cambiarán?
- ¿Puede explicar en dos minutos su misión? ¿Sus valores? ¿Su visión? ¿Su estrategia?
- ¿Puede explicar lo esencial de su negocio en un ascensor? ¿En un taxi? ¿En un lenguaje lo suficientemente claro como si se dirigiera a una persona que no supiera nada sobre el tema?

Simplificar permite también reforzar la confianza que uno tiene en sí mismo.

---

4. Welles, E. O.: "Why Every Company Needs a Story", *Inc. Magazine*, 18, 69-74, 1996.

Aprenda a centrarse en lo esencial

Cuando usted haya desarrollado la capacidad de expresarse de manera simple y natural en sus discursos, será el momento de empezar a añadir detalles, anécdotas, etc., sin perder nada de lo esencial. Este trabajo de concentrarse en lo esencial es muy importante. Si se examinan las historias de los líderes (historias autobiográficas, de visión del futuro, construcción de identidad), cada una de ellas tiene un mensaje muy particular y se apoya en un tema muy preciso.

A causa del estrés de la vida moderna de los negocios, un mundo donde el tiempo y la capacidad de atención de las personas por lo general son limitados, parece que necesitamos tomar decisiones rápidamente, tocando solo los puntos esenciales. En cambio, nosotros creemos que existen situaciones donde es posible (y deseable) tomarse un tiempo para construir los mensajes, y en dichas circunstancias se puede utilizar un cambio de tono, una introducción más detallada o un elemento indirecto.

Para ayudarle a actuar en función del contexto, le proponemos los siguientes ejercicios:

- En caso de encontrarse en una reunión con su consejo de administración, ¿cómo haría, basándose en sus propias historias, para contar en una versión más detallada el futuro de su organización?
- Durante una reunión de control con sus inversores de capital de riesgo, una persona le pide que explique con todo detalle qué hace que su tecnología sea única y cómo pretende venderla en el mercado.
- Su empresa patrocina una carrera o un torneo de golf. En el momento del cóctel que sigue al evento, los organizadores le piden que diga algunas palabras sobre quién es usted, a quién representa, qué hace su empresa y por qué está participando en ese evento.

Como podrá comprobar, aprender a centrarse en los puntos esenciales es muy importante. Así usted podrá saber cuándo debe añadir detalles y cuándo no, de acuerdo con las situaciones posibles, y centrarse en los conceptos y creencias que debe defender. Con esto usted conseguirá:

- estar cómodo en cualquier contexto;
- sentirse más confiado en la fuerza de sus historias y en su habilidad para utilizarlas;
- ser auténtico en sus discursos, porque usted hablará desde el corazón.

Sin embargo, el "enfocar" requiere mucha práctica, ya que se trata de un ejercicio muy delicado. En las versiones más extensas de sus historias usted podrá, como tal vez ya lo hace, captar a su audiencia con humor, preguntar, ilustrar sus argumentos, demostrar, etc. En ese momento, si es necesario, deberá añadir "alegría", energía, detalles, siempre y cuando conserve los temas centrales claros, simples y reconocibles. El consultor en comunicación Terry Pearce, escribe: "Jamás debemos olvidar que existen unas pocas ideas que constituyen nuestra filosofía fundamental; cualquiera sea el contexto, la clave de la auténtica comunicación es, para un líder, aprender a trazar los puntos de vista fundamentales con claridad y concisión".[5]

Con práctica y dedicación, usted aprenderá a "enfocar" en tiempo real. Ese fue el proceso de aprendizaje que permitió a Nilesh Nanavati reducir sus inhibiciones y entender que sus argumentos eran verdaderos cuando no se alejaban de los temas centrales de sus historias fundamentales. Al comprender que debía concentrarse menos en los detalles de su presentación y más en el contacto con su auditorio, aprendió a "sentir" a su público y a adaptar sus historias con

---

5. Pearce, T.: *op. cit.*

precisiones y ampliaciones de los puntos importantes. "No solo me convertí en un auténtico fanático de la narración, sino que descubrí que el hecho de concentrarme en mis historias fundamentales (repitiéndolas una y otra vez) me brindó una gran confianza en mí mismo. [...] Esto me ayudó a no alejarme de mis ideas esenciales y a añadir precisiones con espontaneidad y sin perderme en los detalles. [...] Practicar el enfoque me permitió realmente progresar. Al entrenarme en diferentes situaciones, pude ganar confianza para afrontar y transmitir un mensaje adaptado a cada audiencia; esta habilidad me ha servido mucho, no solo con los empleados, sino también con los clientes."[6]

Tim Bilodeau también ha aprendido a centrarse en cada imagen separada o módulo del discurso (en partes de la historia en vez de hacerlo en ella en su conjunto), variando la extensión y el nivel de precisión de cada historia, y ganando en espontaneidad. Gracias a esta técnica, sus descripciones monótonas se transformaron en un discurso auténtico y atractivo.

En un torneo de golf benéfico organizado por Medicines for Humanity en septiembre de 2004, Tim Bilodeau se dirigió a los golfistas al finalizar la jornada y su discurso recibió las calurosas felicitaciones de los miembros del Consejo de Administración que estaban presentes. Debido a las difíciles circunstancias por el desorden de la audiencia, Tim tuvo que adaptarse rápidamente y encontrar un medio para captar su atención, escoger algunas historias esenciales y reforzar sus argumentos de forma clara y firme. Tiempo atrás, este ejercicio para Bilodeau hubiera sido imposible.

En el camino hacia la autoexpresión, la escritura-hablada, la proyección y el enfoque son herramientas determinantes que lo ayudarán a desarrollar aptitudes diferentes y complementarias.

---

6. Sadowsky, J.: *op. cit.*

La escritura-hablada lo ayudará a hacer claros sus mensajes y a conmover a cualquier audiencia.

La proyección añadirá vida y energía a sus historias y presentaciones.

El enfoque le dará confianza, ya que podrá contar sus historias con autenticidad y espontaneidad, modificándolas según el contexto y sin necesidad de memorizar un texto clave.

Piense "lo primero es la narración"

Durante su carrera en CNN, Mark Walton –consultor, profesor y corresponsal de televisión– ha estado en contacto con varias personas que él considera "influyentes y poderosas". Entre ellos: Ronald Reagan; Jack Welch; el antiguo líder del senado de los Estados Unidos, Howard Baker; el presidente de Xerox, David Kearns; el fundador de CNN, Ted Turner, etc. Lo que él descubrió en estos líderes es que siempre se dirigían a cada audiencia (ya fueran presentaciones ante muchas personas o en conversaciones privadas) contando una historia.[7]

Las personas verdaderamente "influyentes" tienen una historia que contar a cada audiencia.

Los oradores más eficaces encuentran y cultivan historias para contar cualquiera sea la situación. Sin embargo, en la vida cotidiana, estos líderes continúan desperdiciando oportunidades de narrarlas. Por eso, lo animamos a concentrar todos sus discursos en sus historias de identidad fundamentales, ante cualquier audiencia.

---

7. Walton, M. S.: *op. cit.*

¿Qué es una mentalidad basada principalmente en la narración? Más allá del dominio del arte de contar historias, se trata de que usted, como líder, modifique su forma de comunicarse.

Las historias de la vida de una persona, sus ideas de futuro, las visiones, los relatos para inspirar y comprometer pueden ser vistos como cubos que encajan entre sí con mejor o peor suerte; la mentalidad de "lo primero es la narración" significa algo más. Como los "influyentes y poderosos", debe enfrentarse a cada audiencia con una historia que pueda ser narrada. Desde las reuniones con clientes hasta las sesiones de preguntas, desde seminarios de empresas hasta momentos dedicados a la enseñanza individual de un empleado, usted debe aprovechar todas las oportunidades para utilizar el poder de la narración y captar la atención de sus oyentes.

Una vez más, cuando le recomendamos utilizar antes que nada la narración, no es para decirle que las historias deben suplantar al razonamiento lógico y racional. Ambos tipos de discurso –uno basado en la razón y otro en las historias– son complementarios. La narración, recuerda Stephen Denning, ex director de los programas de *knowledge management (KM)* del Banco Mundial, no reemplaza al pensamiento analítico; lo completa, porque permite imaginar nuevas perspectivas y nuevos mundos, haciendo que el análisis abstracto sea más fácil de entender cuando es observado "a través de la lupa" de una historia correctamente elegida.[8]

Lo que le proponemos es que usted adquiera el acto reflejo de multiplicar las oportunidades de contar sus historias de identidad, para a continuación apoyar su historia con lógica y análisis.

"Me tomó tiempo llegar a convencerme Tenía la impresión de que las personas a las que me dirigía, ya fueran

---

8. Denning, S.: "Using Stories to Spark Organizational Change", *Journal of Storytelling and Business Excellence* (storytellingcenter.com/articles.htm), 2002.

grupos o un solo oyente, querían ver números y escuchar hechos. Yo pensaba que las estadísticas sobre la mortalidad infantil y cómo nosotros podíamos afectarlas hablarían por sí solos. Me di cuenta de que la gente escuchaba más y entendía aún mejor lo que representaba MFH cuando yo contaba mi propia historia. Al descubrir el poder de esta conexión con el público, me fue fácil adoptar la decisión de basar todos mis discursos en historias. [...] En la actualidad, contar la saga de MFH es sencillamente una parte de lo que hago todos los días."[9]

---

9. Sadowsky, J.: *op. cit.*

CAPÍTULO 12

LIMITACIONES Y CUESTIONES ÉTICAS SOBRE "CONTAR HISTORIAS"

La utilización del arte de la narración en el liderazgo, a pesar de todos sus beneficios, no debe ser vista como un remedio. Su uso en la comunicación no está exento de dificultades. Si bien ya hemos advertido sobre algunos de sus peligros (por ejemplo, no concentrarse lo suficiente, no personalizar de forma adecuada, contar historias demasiado complejas…), presentaremos a continuación algunos puntos que, si no se les presta atención, pueden volverse problemáticos.

Detenerse en el camino

El obstáculo más importante en la enseñanza de la comunicación inspirativa en el liderazgo quizás sea interrumpir el proceso demasiado pronto o, lo que es lo mismo, no trabajar regularmente en la continua mejora.

En los mejores casos, el aprendizaje del arte de contar historias resulta en una verdadera transformación de la persona. Puede ser un catalizador que provoca chispas en un

143

trayecto de autoexploración que dura toda la vida, un constante deseo de diferenciarse y una búsqueda para inspirar y transformar continuamente a los demás gracias a una auténtica comunicación. En ciertos casos, a menudo por falta de concentración, los defectos corregidos *a priori* (un enfoque solo basado en los hechos, un discurso monótono, falta de confianza en el comportamiento) pueden aparecer de nuevo.

Este fue el caso de Nilesh Nanavati, ex presidente de AFA, quien a pesar de su buena voluntad y su deseo de hacer bien las cosas cayó en dos errores típicos que explican por qué muchas veces un líder no puede progresar como comunicador que inspira y transforma:

- La primera trampa es la autosatisfacción –creer que "ya ha llegado".
- La segunda es la "urgencia" –satisfecho de su capacidad para inspirar a las personas de su entorno profesional, frente a las presiones cotidianas para resolver los problemas y las crisis de gestión de una empresa joven, dedica menos tiempo a trabajar su liderazgo.

La comunicación en el liderazgo es un trabajo difícil. Como suele decirse: "si fuera fácil, ¡todos sabrían hacerlo!", por lo que todos seríamos unos increíbles oradores y grandes líderes. Hasta los más grandes líderes, para no perderse nada y continuar mejorando, deben trabajar su liderazgo durante toda su vida. Winston Churchill, tal vez el mejor orador de los tiempos modernos, se preparaba con pasión y constantemente. Gordon Brown, el ex primer ministro del Reino Unido, siempre recuerda que, "trabajaba cada frase con cuidado y la repetía varias veces hasta que la hacía suya".[1]

---

1. Brown, G.: "War and Words", *PBS* (pbs.org/newshour/bb/entertainment/july-dec04/churchill_7-5.html).

Cualquiera sea el ámbito (música, ciencia, cirugía, deporte, gestión, política o comunicaciones), las raíces para obtener un gran rendimiento las otorga la atención obsesiva en mejorar sus capacidades. Nadie, en cualquier ámbito, tiene éxito sin trabajar y practicar duramente. "Sin técnica, un don no es nada más que una fea manía."

Los investigadores han identificado uno de los factores que hace que las personas se hagan "grandes" en una actividad determinada: se trata de dedicar la mayor cantidad de horas posible a lo que ellos denominan "*deliberate practice*". La práctica voluntaria es una actividad que está claramente destinada a mejorar el rendimiento, y requiere numerosas repeticiones. "Si la práctica es voluntaria –escribe Colvin– la realización es mucho mejor."[2]

La narración, en particular, es una aptitud que debe ser trabajada y cuidada. Como expresa Jerome Bruner, un psicólogo norteamericano especialista en ciencias de la educación: "Al ser tan placentero el acto de narrar, puede llegar a olvidarse de que se trata de algo serio".[3] Por eso, a pesar de la advertencia de Bruner, algunos líderes pierden de vista que transmitir un mensaje inspirador también significa tomarse en serio el aprendizaje de la narración, aunque en las primeras etapas del proceso pueda parecer algo muy fácil. Después de todo, ¿quién no habla de historias de la vida cotidiana?

Existen también otras trampas. Hemos identificado ocho:

- Llevar la narración muy lejos.
- Hacer la historia demasiado larga.
- Centrarse mucho en uno mismo.
- Definir mal las fronteras entre la autenticidad, la verdad, la exageración y la manipulación.

---

2. Colvin, G.: "What it Takes to be Great", *Fortune*, 154, 26-32, 2006.
3. Bruner, J. S.: *Making Stories, Law, Literature, Life*. Farrar Straus and Giroux, New York, 2002.

- No hacer bien la personalización.
- Descuidar los detalles de las historias.
- Fallar en la inclusión.
- Fracasar en la encarnación.

Llevar la narración muy lejos

En el liderazgo, al igual que en la vida, el abuso de una virtud puede convertirla en un vicio. Al igual que Jim Kouzes y Barry Posner –especialistas en liderazgo–, estamos convencidos de que la narración es la mejor forma de crear un vínculo con los demás,[4] pero ella no escapa a dicha regla general. Como hemos visto, debe tenerse en cuenta que el sentido del término "narración" puede tener repercusiones negativas. De hecho, la expresión "contar historias" puede tener connotaciones muy malas. Los espíritus racionales y serios del siglo XX, en su deseo de someter todo conocimiento y toda comunicación a proposiciones analíticas, llegaron a considerar la narración como algo negativo por su naturaleza subjetiva.[5]

Hacer la historia demasiado larga

Si bien las historias eficaces en liderazgo deben ser personales, auténticas, claras y directas, a veces el líder puede olvidar este precepto que hace que las historias sean despojadas de cualquier detalle inútil. De lo contrario, existe un gran riesgo de que se obtengan resultados opuestos a sus expectativas.

---

4. Kouzes, J. M.; Posner, B. Z.; *op. cit.*
5. Denning, S.: *The Springboard: How Storytelling Ignites Action in Knowledge-Era Organizations.* Butterworth-Heinemann, Boston, 2001.

Centrarse mucho en sí mismo

Las historias deben ser personalizadas, pero también debe evitarse caer en la trampa del exceso. Si bien tienen que ser personales, no pueden ser egocéntricas. Los líderes jamás deben perder de vista que lo importante es la audiencia, no el orador.

Jack Maguire, un contador de historias profesional, hace una distinción entre los narradores eficaces, que encuentran el grado adecuado de personalización, y aquellos que cuentan historias que solo les satisfacen a ellos.[6] Los intentos de autopromoción, añade Howard Gardner, pueden atentar contra la autoridad del líder cuando son exagerados.[7] Jim Collins, especializado en el estudio de desarrollo y rendimiento de empresas, muestra que los líderes más eficaces y competentes tienden a minimizar su propia importancia. Las historias demasiado egocéntricas pueden socavar el concepto que se tenga de la integridad del líder.[8] Una vez más, todo es cuestión de equilibrio. Insertar una dosis de autopromoción puede ser beneficioso, pues ante todo un líder eficaz debe saber vender sus competencias y sus ideas.

Definir mal las fronteras entre la autenticidad, la verdad, la exageración y la manipulación

Si bien la narración y el dominio de la impresión causada constituyen herramientas poderosas en la comunicación, debe tenerse en cuenta que puede ser difícil distinguir el límite entre el control de la impresión y la manipulación. Erving Goffman

---

6. Maguire, J.: *The Power of Personal Storytelling: Spinning Tales to Connect with Others.* J. P. Tarcher/Putnam, New York, 1998.
7. Gardner, W. L.; Avolio, B. J.: "The Charismatic Relationship: A Dramaturgical Perspective", *Academy of Management Review*, 23, 32-58, 1998.
8. Collins, J. C.: *Good to Great: Why Some Companies Make the Leap, and Others don't.* HarperBusiness, New York, NY, 2001.

–sociólogo y ex presidente de la Asociación Norteamericana de Sociología– se refiere a lo que él denomina un "problema moral" en el momento de construir una impresión convincente.[9] A pesar de que las descripciones clásicas de James Burns –profesor de liderazgo en el Williams College– destacaban el aspecto positivo de provocar impresiones en el liderazgo,[10] otros autores tienen una visión más cauta y señalan tanto el lado heroico como el sombrío del carisma.[11]

Una historia, explican Joanne Martin y Melanie Powers –ex profesoras de Stanford–, puede ser utilizada para manipular las creencias y crear un compromiso con una empresa, mientras que la información no es más que propaganda a favor de la empresa (incluida la imagen del líder). Las historias, como cada forma simbólica de gestión, son herramientas poderosas, pero potencialmente peligrosas.[12]

En general, la historia y la política muestran cómo, a partir de historias, las multitudes pueden ser manipuladas. El ejemplo más duro, pero más evidente, es el de Adolf Hitler, cuyos discursos brillantemente redactados fueron construidos sobre la base de historias personales y cuentos simbólicos de la mitología alemana.[13] En *The True Belivier*, un estudio clásico de principios de la década de 1950, el filósofo Eric Hoffer analizó el funcionamiento del fanatismo y demostró lo fácil que resulta para un lí-

---

9. Goffman, E.: *The Presentation of Self in Everyday Life*. Doubleday Anchor, Garden City, NY, 1959.

10. Burns, J. M.: *Leadership*. Harper & Row, New York, 1978.

11. Conger, J. A.; Kanungo, R. N.: *Charismatic Leadership in Organizations*. Sage Publications, Thousand Oaks, California, 1998. "A Dramaturgical Analysis of Charismatic Leader Discourse", *Journal of Organizational Change Management*, 14, 253-265, 2001. Lord, R. G.; Maher, K. J.: *Leadership and Information Processing: Linking Perceptions and Performance*, Routledge, London, 1993.

12. Martin, J.; Powers, M.: "Organizational Stories: More Vivid and Persuasive Than Quantitative Data". En Staw, B. M. (ed.): *Psychological Foundations of Organizational Behavior*. 2ª edición, Scott, Foresman, Glenview, IL, 1983.

13. Davis, K. C.: *Don't Know Much About Mythology: Everything You Need to Know About the Greatest Stories in Human History but Never Learned*. HarperCollins Publishers, New York, 2005.

der atravesar la línea que separa la convicción (la firme creencia en su historia) del fanatismo. "En la base de la seguridad excesiva de los fanáticos se encuentra la convicción de que la vida y el universo responden a una simple fórmula, su fórmula."[14]

Finalmente, por su propia naturaleza, la narración personal puede ser llamada "revisionista". Las historias autobiográficas son más reconstituciones que relatos completos y exactos de acontecimientos. Es lo que dice el novelista canadiense Wayson Choy: "A medida que avanzo en la búsqueda de las memorias que escribo, debo luchar también con la idea de la verdad. El libro será una impresión de una infancia en 1940, y mi opinión sobre qué ha sido crecer en el Chinatown de Vancouver durante la guerra y la posguerra".[15] Al contar una historia, añade Gabriel, las exigencias de exactitud y de verdad se debilitan ante el beneficio de los argumentos. Las historias son relatos llenos de emociones y símbolos, no presentan los hechos pero sí los enriquecen, los adornan y les dan un sentido *a posteriori*.[16]

Las historias que se transforman en algo más grande que la vida y que toman proporciones míticas casi siempre suelen ser exageradas. "El objetivo de una historia mítica es enviar un mensaje para resaltar una característica o un valor importante", escribe Peg Neuhauser.[17] En un estudio sobre la narración en Hewlett-Packard (HP), Soren Nymark –consultor de KPMG Consulting– demostró que ciertas historias clásicas de HP eran, en efecto, apócrifas.[18] Si bien la leyenda de HP fue construida a partir de relatos sobre los principios

---

14. Hoffer, E.: *The True Believer: Thoughts on the Nature of Mass Movements*. Perennial Library, New York, 1951.
15. Choy, W.: "The Importance of Story: The Hunger for Personal Narrative", *Journal of Business Administration and Policy Analysis*, 26, 92-106, 1998.
16. Gabriel, Y.: *Storytelling in Organizations: Facts, Fictions, and Fantasies*. Oxford University Press, Oxford, New York, 2000.
17. Neuhauser, P.: *op. cit.*
18. Nymark, S. R.: *Organizational Storytelling: Creating Enduring Values in a High-tech Company*. Forlaget Ankerhus, Hinnerup, Dinamarca, 2000.

de la empresa, sin las famosas *Stories of Bill and Dave*, los dos fundadores, en la actualidad nadie podría distinguir lo verdadero de lo falso. Neuhauser observa que lo mismo ocurrió con el legendario fundador y líder de Electronic Data Systems (EDS), Ross Perot, ya que muchas historias sobre él son míticas. Tanto el carácter como el mensaje de base son verdaderos, pero los hechos y los detalles pueden llegar a ser exagerados. ¿Quién puede saberlo? Eso no le importa a nadie, lo que interesa es el mensaje, él es el que debe ser verdadero para que la historia tenga sentido.[19]

Mientras que el control de las impresiones y la exageración pueden ser predisposiciones humanas, un líder debe prestar atención en jamás traicionar la confianza de aquellos a quienes él se dirige. Para James O'Toole –de la Universidad de Denver y autor de *Leading Change*– la confianza está verdaderamente en el propio centro del liderazgo. Por naturaleza, el desafío del liderazgo consiste en proporcionar vínculos que agrupen a un conjunto de unidades independientes en un mundo caracterizado por las fuerzas de entropía y fragmentación. Solo un elemento ha sido identificado como el suficientemente poderoso como para superar estas fuerzas, y ese elemento es la confianza.[20] Jim Burke –ex presidente de Johnson & Johnson– explica que no es posible tener éxito sin confianza; con ella pueden superarse todo tipo de obstáculos.[21] El CEO de General Electric, Jeff Immelt, comparte esa opinión: "Lo mejor que usted puede brindar como líder, es crear un clima de confianza".[22] Sin confianza, no hay liderazgo posible. Por otra parte, veamos el punto de vista

---

19. Neuhauser, P.: *op. cit.*
20. O'Toole, J.: *Leading Change: Overcoming the Ideology of Comfort and the Tyranny of Custom.* Jossey-Bass Publishers, San Francisco, 1995.
21. Burke, J.: The Alumni Achievement Awards - James E. Burke. Harvard Business School, Boston, 2003.
22. Immelt, J.: "Dartmouth College Graduation Speech" (http://209.85.129.104/search?q=cache:2WnJBa5ghZYJ:www.ge.com/files/usa/company/news/transcript_dartmouth.pdf+immelt+trust&hl=en&ct=clnk&cd=4), 2004.

de Howard Gardner sobre el ex presidente de los Estados Unidos, Bill Clinton: "Mucho antes de que aparecieran sus problemas, yo había dicho que Bill Clinton era un narrador increíble, pero que tenía demasiadas historias y que era difícil saber cuáles de ellas eran verdaderamente auténticas".[23]

La honestidad, la autenticidad y la escucha son indiscutiblemente la sabiduría, la fuerza y la belleza del *templo del liderazgo*. Como lo muestra Soren Nymark: "Si lo que contamos no tiene nada que ver con lo que sus empleados viven a diario en su trabajo, van a surgir algunas contrahistorias".[24] En estas circunstancias, cuando los empleados se vuelven escépticos porque notan que existe una diferencia entre las palabras y las acciones del líder, las historias oficiales de este pueden dañar más que ayudar. La única técnica de comunicación, y la más importante, explica Peg Neuhauser, es decir la verdad.[25]

En cuanto a la escucha, es decir, la capacidad de mantenerse concentrado en los oyentes, evidentemente, es tan determinante como la honestidad y la autenticidad. Es importante que la historia suene bien, que sea familiar a las personas a las que se dirige el líder, para que, a su vez, ellas se apropien de la historia y les afecte. Por eso es muy importante saber escuchar. Esta es la condición para que las historias personales y las colectivas se mantengan en la misma línea. "La narración puede ser vista como una calle de doble sentido", dice Neuhauser.[26] "Una vez que usted ha contado su historia, retírese y haga que sus oyentes participen. Si su relato no se ha integrado fácilmente con sus historias, quiere decir que su trabajo no ha terminado", sostiene Annette Simmons.[27]

23. Gardner, H.: *Changing Minds: The Art and Science of Changing Our Own and Other People's Minds.* Harvard Business School Press, Boston, Mass., 2004.

24. Nymark, S. R.: *op. cit.*

25. Neuhauser, P.: *op. cit.*

26. Neuhauser, P.: "Stanford Executive Briefings: Corporate Legends and Lore". *Stanford Executive Briefings*, Stanford Alumni Association, Stanford Video Media Group, Stanford, CA, 1993b.

27. Simmons, A.: *op. cit.*

No hacer bien la personalización

En su obra *Crossing the Unkown Sea: Work as a Pilgrimage of Identity*, David Whyte, escritor y poeta, hace hincapié en que la pregunta clave del liderazgo es: "¿Cómo hacer todo más personal?".[28] Esta observación sobre el liderazgo se asemeja a uno de nuestros consejos: si quiere mejorar su comunicación, ¡hágala más personal!

Como estamos convencidos del poder de las historias personales para dirigir y conducir a las personas hacia el cambio, consideramos que no hacer una personalización suficiente es un verdadero obstáculo para la realización del potencial de un líder como comunicador. Existen dos razones fundamentales por las que las personas se autocensuran al relatar una historia. La primera es que tengan miedo de parecer ridículas, manipuladoras o no profesionales. La segunda es que teman que el contar una historia afecte a su credibilidad. Sin embargo, "Cuando les pregunto a los demás qué prefieren escuchar en los discursos, la palabra 'pasión' es la que surge con más frecuencia. Por ejemplo, escuchen cuando habla Tom Peters […] él grita. En su voz puede sentirse la excitación […]. Él habla desde el fondo de su corazón. Permite que sus más profundas convicciones se reflejen en lo que dice. No existe censura alguna", dice Sue Gaulke, fundadora del Speaker's Training Camp.[29]

Tim Bilodeau es un buen ejemplo de un orador que ha aprendido a personalizar y a hablar desde el fondo de su corazón, sin dejar de permanecer fiel a lo que es, alguien más bien tranquilo que nada tiene de carismático. Al principio, como ya hemos visto, las presentaciones y las historias de Tim eran

---

28. Whyte, D.: *Crossing the Unknown Sea: Work as a Pilgrimage of Identity.* Riverhead Books, New York, 2001.

29. Gaulke, S.: *101 Ways to Captivate a Business Audience.* American Management Assoc., New York, 1997.

imprecisas, impersonales; hacían referencia a los números, hechos, estadísticas, etc. En la actualidad, Tim cuenta historias vivas, personales, que suelen comenzar así: "Déjenme decirles lo que siento cada vez que vuelvo a los campos de caña de azúcar de Haití, cuando veo a los niños y vivo la experiencia del mundo donde ellos viven". Al hablar con el corazón, guía al oyente hacia el mundo de la emoción, y se ha convertido en un orador que inspira y transforma a todos quienes lo escuchan.

"Usted puede jugar en un terreno seguro en un discurso, pero eso jamás ha movido montañas. Si usted quiere influenciar poderosamente a los demás, debe tomar riesgos y tratarlos en un plano emocional." [30]

En conclusión, si hubiera un solo consejo que podríamos recomendar para mejorar la mayoría de las presentaciones, aunque siempre es una cuestión de equilibrio, sería que hagan sus discursos más personales.

Descuidar los detalles de las historias

Aunque pueda parecer paradójico, nuestra experiencia en el estudio de la narración de los líderes nos ha convencido de que cuanto más precisa y detallada es una historia, más podrá ser captada y adoptada. Un secreto *a priori* contradictorio pero que todos los buenos narradores comprenden es que cuanto más precisa sea la historia, más universales serán las relaciones con los demás. Una historia precisa, plena de detalles vívidos, es más creíble y tendrá muchas más posibilidades de crear interés en la mente del oyente. Annette Simmons nos explica que si se desea que alguien piense en su madre, cuente una historia que describa con precisión a

---

30. Simmons, A.: *op. cit.*

su propia madre; aquel día que ella lo llevaba a la escuela, cómo estaba vestida, el modelo de coche que conducía, etc. Entonces, los recuerdos de la madre de cada uno saldrán a la superficie con una precisión increíble.[31]

Sue Gaulke demostró cómo una historia, según posea o no detalles, puede tener un impacto muy diferente. "(Ejemplo de una historia – primera versión) El otro día, en una tienda de informática, el vendedor era tan bueno que compré muchas cosas. (Ejemplo de la misma historia – segunda versión) El viernes fui a TriStar Computer en Arlington, y el vendedor, que se llamaba Peter, me ofreció un capuchino. En pocos minutos, me hizo las preguntas exactas para saber lo que necesitaba. Después me enseñó diferentes modelos y cómo funcionaban. Una hora más tarde, ya estaba fuera de la tienda con dos PC y con una una fecha combinada para su instalación."[32]

"Las historias pueden proporcionar una riqueza de detalles, una descripción viva, y gracias a ello las personas pueden identificarse y vivir las mismas historias con gusto", escribe Alan Wilkins, profesor de comportamiento organizacional en Brigham Young University.[33]

Cuando Tim Bilodeau nos describió la situación de MFH en Haití, gracias a sus vivas descripciones, nos sentimos como si estuviéramos en aquel país con él. Sucedió lo mismo cuando nos propuso seguirlo a Bolivia: "Prepara tu equipaje y vamos a las altas montañas bolivianas a 13.000 pies sobre el nivel del mar. [...] Nos imaginamos el polvo, el viento, los colores vivos, el cielo y el sol que brillaba...".

---

31. *Ibid.*
32. Gaulke, S.: *op. cit.*
33. Wilkins, A. L.: "Organizational Stories as Symbols Which Control the Organization". En Pondy, L. R. E. A. (ed.), *Organizational Symbolism*, JAI Press, Greenwich, CT, 1983.

Fallar en la inclusión

La capacidad de introducir a los demás en sus historias es una condición indispensable para conseguir inspirar e influenciar a quienes trabajan con usted. Si sus historias no los incluyen serán consideradas como "propaganda de la empresa"[34] o como "la autopromoción de la alta dirección".[35]

En el relato de Peter Senge, *The Dance of Change,* uno de los personajes, un joven ingeniero enérgico y visionario, cuenta su historia con una gran energía y pasión. Sin embargo, no consigue incluir a los demás en sus relatos de triunfador. Mientras que él se siente un aventurero heroico que da órdenes a sus equipos y dirige las maniobras en el campo de batalla que libra la empresa con sus competidores, sus colaboradores lo consideran un charlatán, o peor, un simple soñador. Así, aunque las historias de éxito de su empresa hayan encontrado cierta resonancia, rápidamente se convirtieron en historias para principiantes que eran rechazadas por el resto de la empresa.[36]

Peg Neuhauser menciona la existencia de una dinámica peligrosa, lo que ella denomina "nosotros contra ellos", que con frecuencia ocurre en empresas nuevas. Cuando la compañía empieza a crecer, los "históricos", aquellos que la conducen desde el principio, no permiten que los nuevos entren en las historias y culturas que se han convertido en algo privado. Los líderes tienen su propio círculo y se olvidan de invitar al resto de la "tribu".[37]

---

34. Neuhauser, P.: *op. cit.*
35. Gabriel, Y.: "The Use of Stories". En Symon, G. (ed.), *Qualitative Methods and Analysis in Organizational Research: A Practical Guide.* Sage Publications, Thousand Oaks, CA, 1998.
36. Senge, P.: *op. cit.*
37. Neuhauser, P.: *op. cit.*

Para incluir a los demás, Tim Bilodeau ha trabajado especialmente el final de sus discursos. Veamos un ejemplo: "Algunos de ustedes se preguntaron cómo podían ayudarnos. He aquí algunas sugerencias específicas para unirse a nosotros en nuestro sueño de reducir la mortalidad infantil en el mundo…"

Fracasar en la encarnación

Howard Gardner considera que las empresas son como un campo de batalla donde varias historias se encuentran en competencia. "Hay muchas historias […] y están en competición de manera casi darwiniana."[38] En este medio, donde varias historias rivalizan para ganar el corazón y la mente de las personas, para triunfar, las historias del líder sobre todo deben ser auténticas.

La mejor manera de encarnar una historia auténtica es vivirla a diario. Si el líder cuenta una historia "A", pero vive una historia "B", algo falla. El riesgo está en que aparecerán otras contrahistorias, relatos soterrados que minarán la capacidad del líder para dirigir. "Las contrahistorias pueden convertir a un líder en un sinvergüenza", escribe Yiannis Gabriel, profesor en la escuela de negocios de la Universidad de Londres.[39] Algunas historias, explica Alan Wilkins –especialista en comportamiento organizacional–, pueden enseñar a las personas a qué deben prestar atención y cómo pueden vencer al sistema.[40]

Si no existe una completa adecuación entre las historias y los valores de la empresa, ¡usted está acabado! [41]

---

38. Gardner, H.: *op. cit.*
39. Gabriel, Y.: *op. cit.*
40. Wilkins, A. L.: "The Creation of Company Cultures: The Role of Stories and Human Resource Systems", *Human Resource Management*, 23, 42-60, 1984.
41. Warfel, E.: Conversación telefónica con Terry Pearce en San Francisco, en el marco de su proyecto de fin de carrera, programme MIB, École de Management, Grenoble, 2002.

CONCLUSIÓN

Nuestra experiencia en *coaching*, liderazgo y enseñanza, y las investigaciones académicas que hemos realizado durante los últimos diez años nos han convencido de que los líderes más eficaces consideran que el conocimiento y la expresión de sí mismos constituye un importantísimo trabajo que deben hacer durante toda la vida.

Eso quiere decir que los líderes aprenden, enseñan y evolucionan a lo largo de toda su existencia. A su vez, esta idea tiene eco en gran parte de la literatura sobre el liderazgo. Howard Gardner, prestigioso psicólogo de la Universidad de Harvard, insiste sobre el hecho de que el liderazgo es una capacidad que se aprende continuamente. Robert Goffee –profesor en comportamiento organizacional en la London Business School– y Gareth Jones –profesor y ex director de recursos humanos de la BBC– dicen que el liderazgo es un trabajo difícil, y que aquellos que lo consiguen son los que han contado con suficiente determinación para encontrar lo que tienen en su "yo" más profundo.[1]

Trabajar el "yo", aprender sobre sí mismo a lo largo de toda la vida, es la base de un liderazgo eficaz. Solo a partir de esta base puede aparecer la autenticidad. "[La autenticidad] nace de una disciplina de descubrimiento y expresión del 'yo'. [...] Es el trabajo de toda una vida", escribe Terry

---

1. Goffee, R.; Jones, G.: "Why Should Anyone be Led by You?", *Harvard Business Review*, 78, 63-70, 2000.

Pearce.[2] Para Noël Tichy, los líderes pueden ser grandes maestros de otros porque han aprendido mucho, y sobre todo acerca de sí mismos.[3] Pero quizás Warren Bennis sea la persona que mejor expresa la idea de continua autoexploración: "El comprender te convierte en tu mejor maestro, a partir de una reflexión continua, una capacidad y un diálogo socrático interior para crearse a uno mismo".[4]

Las auténticas historias de vida son simplemente la mejor fuente de liderazgo. Por ello, para inspirar y transformar de manera permanente a sus equipos debe reexaminar y contar sus historias autobiográficas continuamente. Este trabajo de introspección debe hacerse durante toda la vida, por lo que le conviene aprovechar todas las oportunidades cotidianas para practicar la narración de sus historias en la empresa. Como lo sugieren Herminia Ibarra –profesora del Insead– y Kent Lineback –especialista en coescritura–: "Puede utilizar sus historias de mil maneras y en mil lugares cada vez que alguien le pregunte '¿quién es usted?', '¿qué hace?', '¿qué busca?'".[5] Solo mediante la práctica cotidiana podrá lograr un elevado nivel de aprendizaje.

---

2. Pearce, T.: *op. cit.*
3. Tichy, N. M.; Cohen, E. B.: *op. cit.*
4. Bennis, W. G.: *On Becoming a Leader.* Addison-Wesley Pub. Co., Reading, Mass., 1994.
5. Ibarra, H.; Lineback, K.: "What's Your Story?", *Harvard Business Review*, 83, 64-71, 2005.

BIBLIOGRAFÍA

Abrashoff, M.: "The People Who Win the Wars", *Fast Company*, 83, 40-43, 2003.

Armstrong, D. M.: *Managing by Storying Around*. Doubleday, New York, 1992.

Bennis, W. G.: *On Becoming a Leader*, Addison-Wesley Pub. Co., Reading, Mass., 1994.

Bennis, W. G.; Biederman, P. W.: *Organizing Genius: The Secrets of Creative Collaboration*. Addison-Wesley, Reading, Mass., 1997.

Birchard, B.: "Once Upon a Time", *Strategy & Business*, 27 (strategy-business.com/press/article/18637?pg=0), 2002.

Boje, D. M.: "The Storytelling Organization: A Study of Story Performance in an Office Supply Firm", *Admistrative Science Quarterly*, 36(1), 106-126, 1991.

Boje, D. M.: *Storytelling Leaders* (http://cbae.nmsu.edu/~dboje/teaching/338/), 1999.

Branch, T.: *Parting the Waters: America in the King Years, 1954-63*, Simon & Schuster, New York, 1989.

Brown, G.: "War and Words", *PBS* (pbs.org/newshour/bb/entertainment/july-dec04/churchill_7-5.html), 2004.

Bruch, H.; Ghoshal, S.: *A Bias for Action: How Effective Managers Harness Their Willpower, Achieve Results, and Stop Wasting Time*. Harvard Business School Press, Boston, Mass., 2004.

Bruner, J. S.: *Making Stories: Law, Literature, Life*. Farrar Straus and Giroux, New York, 2002.

Burke, J.: *The Alumni Achievement Awards–James E. Burke*. Harvard Business School, Boston, 2003.

Burns, J. M.: *Leadership*. Harper & Row, New York, 1978.

Campbell, J.: *The Hero With a Thousand Faces*. Princeton University Press, Princeton, NJ, 1973.

Choy, W.: "The Importance of Story: The Hunger for Personal Narrative" *Journal of Business Administration and Policy Analysis*, 26, 92-106, 1998.

Cohen, D.; Prusak, L.: *In Good Company: How Social Capital Makes Organizations Work*. Harvard Business School Press, Boston, 2001.

Collins, J. C.: *Good to Great: Why Some Companies Make the Leap... and Others Don't*. HarperBusiness, New York, NY, 2001.

Colvin, G.: "What it Takes to be Great", *Fortune*, 154, 26-32, 2006.

Conger, J. A.; Kanungo, R. N.: *Charismatic Leadership in Organizations*. Sage Publications, Thousand Oaks, California, 1998.

Cooper, R. K.; Sawaf, A.: *Executive EQ: Emotional Intelligence in Leadership and Organizations*. Grosset/Putnam, New York, 1997.

Cringely, R. X.: "The Triumph of the Nerds: An Irreverent History of the PC Industry". En Sen, P. (ed.). Documentary, RM Associates, New York, 1996.

Davis, K. C.: *Don't Know Much About Mythology: Everything You Need to Know About the Greatest Stories in Human History But Never Learned*, HarperCollins Publishers, New York, 2005.

De Certeau, M.: *L'Invention du quotidien*, vol. 1, *L'Art de faire*. Gallimard, Paris, 1980.

Defelice, A.: "A Century of Customer Love", *CRM Magazine*, 9, 42-49, 2005.

Denning, S.; *The Springboard: How Storytelling Ignites Action in Knowledge-Era Organizations*, Butterworth-Heinemann, Boston, 2001.

Denning, S.: "Using Stories to Spark Organizational Change", *Journal of Storytelling and Business Excellence* (storytellingcenter.com/articles. htm), 2002.

Dolan, P.: *True to Our Roots: Fermenting a Business Revolution*, Bloomberg Press, Princeton, NJ, 2003.

Gabriel, Y.: "The Use of Stories". En Symon, G. (ed.): *Qualitative Methods and Analysis in Organizational Research: A Practical Guide*, Sage Publications, Thousand Oaks, CA, 1998.

Gabriel, Y.: *Storytelling in Organizations: Facts, Fictions, and Fantasies.* Oxford University Press, Oxford, New York, 2000.

Gandhi, M. K.: *Gandhi, an Autobiography. The Story of My Experiments With Truth.* Beacon Press, Boston, 1993.

Gardner, H.; Laskin, E.: *Leading Minds: An Anatomy of Leadership.* Basic Books, New York, NY, 1995.

Gardner, H.: *Changing Minds: The Art and Science of Changing our Own and Other People's Minds.* Harvard Business School Press, Boston, Mass., 2004.

Gardner, W. L.; Avolio, B. J.: "The Charismatic Relationship: A Dramaturgical Perspective", *Academy of Management Review,* 23, 32-58, 1998.

Gaulke, S.: *101 Ways to Captivate a Business Audience,* American Management Assoc., New York, 1997.

George, B.; Bennis, W. G.: *Authentic Leadership: Rediscovering the Secrets to Creating Lasting Value.* Jossey-Bass, San Francisco, 2003.

Goffee, R.; Jones, G.: "Why Should Anyone Be Led By You?", *Harvard Business Review,* 78, 63-70, 2000.

Goffman, E.: *The Presentation of Self in Everyday Life.* Doubleday Anchor, Garden City, NY, 1959.

Harvey, A.: "A Dramaturgical Analysis of Charismatic Leader Discourse", *Journal of Organizational Change Management,* 14, 253-265, 2001.

Hoffer, E.: *The True Believer: Thoughts on the Nature of Mass Movements.* Perennial Library, New York, 1951.

Ibarra, H.; Lineback, K.: "What's Your Story?", *Harvard Business Review,* 83, 64-71, 2005.

Immelt, J.: "Dartmouth College Graduation Speech" (http://209.85.129.104/search?q=cache:2WnJBa5ghZYJ:www.ge.com/files/usa/company/news/transcript_dartmouth.pdf+immelt+trust&hl=en&ct=clnk&cd=4), 2004.

Jackson, P.; Delehanty, H.: *Sacred Hoops: Spiritual Lessons of a Hardwood Warrior.* Hyperion, New York, 1995.

Jung, C. G.: *Psychology and Religion,* Yale University Press, New Haven, 1938.

Kanter, R. M.: *Evolve! Succeeding in the Digital culture of Tomorrow.* Harvard Business School Press, Boston, 2001.

Katzenbach, J. R.: *Why Pride Matters More than Money: The Power of the World's Greatest Motivational Force*. Crown Business, New York, 2003.

Kelleher, H.: "A Culture of Commitment" (http://drucker.org/leader-books/l2l/spring97/kelleher.html), 1997.

Kotter, J. P.: *Leading Change*. Harvard Business School Press, Boston, 1996.

Kouzes, J. M.; Posner, B. Z.: *Credibility: How Leaders Gain and Lose it, Why People Demand It*. Jossey-Bass Publishers, San Francisco, 1993. Versión en castellano: *Credibilidad*. Ed. Granica, Buenos Aires, 1996.

Kramer, R. M.: "The Harder They Fall", *Harvard Business Review*, 81, 58-66, 2003.

Labarre, P.: "Stuff of the Month", *Fast Company*, 72, 38, 2003.

Lencioni, P. M.: "Make Your Values Mean Something", *Harvard Business Review*, 80, 113-117, 2002.

Lévi-Strauss, C.: *Anthropologie structurale*. Plon, Paris, 1958.

Levy, S.: *Insanely Great: The Life and Time of Macintosh, The Computer That Changed Everything*. Penguin Books, New York, 1995.

Linde, C.: *Life Stories: The Creation of Coherence*. Oxford University Press, New York, 1993.

Lipman, D.: *Improving Your Storytelling: Beyond the Basics for All Who Tell Stories in Work or Play*. August House, Little Rock, 1999.

Little, G.: *Strong Leadership: Thatcher, Reagan and an Eminent Person*. Oxford University Press, Melbourne, New York, 1988.

Lord, R. G.; Maher, K. J.: *Leadership and Information Processing: Linking Perceptions and Performance*. Routledge, London, 1993.

MacIntyre, A. C.: *After Virtue: A Study in Moral Theory*. University of Notre Dame Press, Notre Dame, Ind., 1984.

Maguire, J.: *The Power of Personal Storytelling: Spinning Tales to Connect With Others*. J.P. Tarcher/Putnam, New York, 1998.

Martin, J.; Powers, M.: "Organizational Stories: More Vivid and Persuasive Than Quantitative Data". En Staw, B. M. (ed.): *Psychological Foundations of Organizational Behavior*, 2ª ed., Scott, Foresman, Glenview, IL, 1983.

McAdams, D. P.: "The Stories We Live By: Personal Myths and the Making of the Self", W. Morrow, New York, NY, 1993.

McKee, R.: "Storytelling That Moves People", *Harvard Business Review*, 81, 5-8, 2003.

Mintzberg, H.: *Des managers, des vrais! Pas des* MBA. Éditions d'Organisation, Paris, 2005.

Miroff, B.: *Icons of Democracy: American Leaders as Heroes, Aristocrats, Dissenters, and Democrats*. BasicBooks, New York, NY, 1993.

Neuhauser, P.: *Corporate Legends and Lore: The Power of Storytelling as a Management Tool*. McGraw-Hill, New York, 1993.

Neuhauser, P.: "Stanford Executive Briefings: Corporate Legends and Lore", *Stanford Executive Briefings*, Stanford Alumni Association: Stanford Video Media Group, Stanford, CA, 1993b.

Nietzsche, F. W.; Handwerk, G. J.: *Human, All Too Human*, I. Stanford University Press, Stanford, Calif., 1997.

Nymark, S. R.: *Organizational Storytelling: Creating Enduring Values in a High-tech Company*. Forlaget Ankerhus, Hinnerup, Denmark, 2000.

Obama, B.: *Dreams From my Father*. Times Books, New York, 1995.

O'Reilly, C.; Pfeffer, J.: *Hidden Value: How Great Companies Achieve Extraordinary Performance with Ordinary People*. Harvard Business School Press, Boston, 2000.

O'Toole, J.: *Leading Change: Overcoming the Ideology of Comfort and the Tyranny of Custom*. Jossey-Bass Publishers, San Francisco, 1995.

Pearce, T.: (1995) *Leading out Loud: The Authentic Speaker, The Credible Leader*. Jossey-Bass Publishers, San Francisco, 1995.

Pollack, A.: "Fast-Growth Oracle System Confronts First Downturn", *New York Times*, 10 September, 1990.

Ray, M. L.; Myers, R.: *Creativity in Business*. Doubleday, Garden City, NY, 1986.

Robertson, O.: "An Old Pro Likes the New NBA Spin of Pistons' Timeless Teamwork", *International Herald Tribune*, 13, 2004.

Roche, L.: Conversación personal con Bill George, en el contexto del AMP program. Harvard Business School, 13 de mayo de 2009.

Rubin, H.: "Boooorrriinng!!!", *Fast Company*, 35, 228-236, 2000.

Sacharin, K.: *Attention! How to Interrupt, Yell, Whisper, and Touch Consumers*. Wiley, New York, 2001.

Sadat, A. al: *In Search of Identity, An Autobiography*, HarperCollins, United Kingdom, 1978.

Sadowsky, J.: Conversación personal con Nilesh Nanavati, 2002.

Sadowsky, J.: Conversación personal con Tim Bilodeau, Boston, 2003.

Sadowsky, J.: Conversación personal con Boas Shamir, Oxford, UK, 17 de diciembre 2002.

Sadowsky, J.: "Leadership Self-expression and Inspirational Storytelling: Coaching the CEO", *The Smithsonian Conference on Leadership and Storytelling*, Washington DC, abril 2009.

Safranski, R.: *Nietzsche. Biographie d'une pensée*, Actes Sud, Arles, 2000.

Salmon, C.: *Storytelling, la machine à fabriquer des histoires et à formater les esprits.* La Découverte, Paris, 2007.

Sartre, J.-P.: *La Nausée.* Gallimard, Paris, 1938.

Schultz, H.; Yang, D. J.: *Pour Your Heart Into It: How Starbucks Built a Company one Cup at a Time.* Hyperion, New York, NY, 1997.

Sculley, J.; Byrne, J. A.: *Odyssey: Pepsi to Apple - A Journey of Adventure, Ideas, and the Future.* Harper & Row, New York, 1988.

Senge, P.: *The Fifth Discipline: The Art and Practice of the Learning Organization.* Doubleday, New York, 1990. Versión en castellano: *La quinta disciplina. El arte y la práctica de la organización abierta al aprendizje.* Granica, Buenos Aires, 2012.

Simmons, A.: *The Story Factor: Secrets of Influence From the Art of Storytelling.* Perseus Pub, Cambridge, Mass., 2001.

Snowden, D.: "The Art and Science of Story or 'Are you sitting uncomfortably?', Part 2: The Weft and Warp of the Purposeful Story", *Business Information Review*, 17, 215-226, 2000.

Snowden, D.: "Storytelling: An Old Skill in a New Context", *Business Information Review*, 16, 30-37, 1999.

Spector, R.; McCarthy, P. D.: *The Nordstrom Way: The Inside Story of America's # 1 Customer Service Company.* Wiley, New York, 1995.

Stone, R.: *How is a Business Like a Story? Using Narrative Structures to Create a More Successful Organization.* Story Work Institute (storywork.com) Lincoln, 2003.

Tichy, N. M.; Cohen, E. B.: *The Leadership Engine: How Winning Companies Build Leaders at Every Level.* Harper-Business, New York, 1997.

Uldrich, J.; Lewis, M.; Clark, W.: *Into the Unknown: Leadership Lessons From Lewis & Clark's Daring Westward Adventure.* Amacom, New York, 2004.

Walton, M. S.: *Generating Buy-in: Mastering the Language of Leadership.* American Management Association, New York, 2004.

Warfel, E.: Conversación personal con Terry Pearce, MIB program, Grenoble, École de Management, 2002.

Weil, E.: "Every Leader Tells a Story", *Fast Company,* 38-42, 1998.

Weissman, J.: *Presenting to Win: The Art of Telling Your Story.* Financial Times/Prentice Hall, Upper Saddle River, NJ, 2003.

Welch, J.; Byrne, J. A.: *Jack: Straight From the Gut.* Warner Business Books, New York, NY, 2001.

Welles, E. O.: "Why Every Company Needs a Story". *Inc. Magazine,* 18, 69-74, 1996.

Whyte, D.: *Crossing the Unknown Sea: Work as a Pilgrimage of Identity.* Riverhead Books, New York, 2001.

Wilkins, A. L.: "Organizational Stories as Symbols Which Control the Organization". En Pondy, L. R. E. A. (ed.), *Organizational Symbolism.* JAI Press, Greenwich, CT, 1983.

Wilkins, A. L.: "The Creation of Company Cultures: The Role of Stories and Human Resource Systems", *Human Resource Management,* 23, 42-60, 1984.

Wylie, A.: "Storytelling: A Powerful Form of Communication", *Communication World,* 15, 30-32, 1998.

ACERCA DE LOS AUTORES

John Sadowsky es profesor, coach y orador motivacional
Además de ser un orador motivacional con más de veinte años de experiencia
en cinco continentes, John Sadowsky es un asesor de directivos de renombre
internacional. Su trabajo se centra en la manera en que los líderes, las marcas y
las organizaciones aprenden a comunicar de forma auténtica mediante el relato
de sus historias de identidad. En sus libros, conferencias y charlas suele aplicar
las reglas del *storytelling* al liderazgo y al marketing.

El doctor Sadowsky es Profesor Distinguido del Grenoble École de Management y profesor visitante de varias instituciones de más alto prestigio internacional
como el Institut d'Études Politiques de París (Sciences-Po), el Stanford Graduate
School of Business de California, la National Academy of Economics de Moscú y la
Universidad Católica de Buenos Aires.

Cada año asiste como ponente a más de cincuenta eventos empresariales y
sectoriales, y organiza charlas independientes a solicitud de diversas empresas. Su
colaboración con la *Harvard Business Review* lo ha llevado a visitar siete países de
América Latina para impartir charlas y conferencias sobre liderazgo y marketing
digital.

Entre 1984 y 1995 fue director ejecutivo de Altas Distributing Inc., una empresa
de distribución de Estados Unidos. En la actualidad, es consejero de Atlas y parti-
cipa en otros tres consejos de administración, incluido el de la ONG Medicines for
Humanity. Ha obtenido una maestría en administración de negocios (MBA) en la
Universidad de Stanford y un doctorado en la Universidad de Newcastle.

Su obra, *Las siete reglas del storytelling* (cuya primera edición fue publicada en
francés por Pearson Village Mondial en 2009) fue un éxito y todos los ejemplares
quedaron agotados en tres meses. Además de la presente versión en castellano, en
la actualidad se está preparando una traducción al inglés. Su libro más reciente
E-mail, Social Marketing and the Art of Storytelling fue publicado en abril de 2011,
tuvo gran repercusión en Europa, y una edición norteamericana será publicada
en octubre 2012. Autor de numerosos artículos en inglés y francés, en mayo de
2011 *Harvard Business Review* en español publicó el titulado "Historias de liderazgo,
branding y narraciones".

Para más información, visite la web de John Sadowsky y su blog en
www.johnsadowsky.com

Loïck Roche es Director de Grenoble École de Management (Grenoble Business
School). Graduado de ESSEC Business School, se ha doctorado en Psicología, en
Filosofía y en Ciencias de la Administración. Comenzó su carrera como Consultor de Recursos Humanos y Organizaciones, para luego convertirse en un experto en organización, bienestar en el trabajo y en el desempeño de las empresas de
negocios. Como autor y coautor, ha participado en la creación de más de treinta
libros.

www.ingramcontent.com/pod-product-compliance
Lightning Source LLC
Chambersburg PA
CBHW060030210326
41520CB00009B/1077